女人识人术

许诺◎著

苏州新闻出版集团

古吴轩出版社

图书在版编目（CIP）数据

女人识人术 / 许诺著. -- 苏州 ：古吴轩出版社，
2025. 6. -- ISBN 978-7-5546-2691-7

Ⅰ. C912.11-49

中国国家版本馆CIP数据核字第20250K9E46号

责任编辑：戴玉婷
见习编辑：沈　雪
策划编辑：杨莹莹　薛世强
装帧设计：刘孟云

书　　名：女人识人术
著　　者：许　诺
出版发行：苏州新闻出版集团
　　　　　古吴轩出版社
　　　　　地址：苏州市八达街118号苏州新闻大厦30F
　　　　　电话：0512-65233679　　邮编：215123
出 版 人：王乐飞
印　　刷：天宇万达印刷有限公司
开　　本：670mm×950mm　　1/16
印　　张：11
字　　数：119千字
版　　次：2025年6月第1版
印　　次：2025年6月第1次印刷
书　　号：ISBN 978-7-5546-2691-7
定　　价：49.80元

如有印装质量问题，请与印刷厂联系。0318-5695320

CONTENTS 目录

第二章 深度评估，真正看清一个人的内心

第三章　防"渣"指南：十招快速鉴别"渣男"

第四章　提升识人能力，才能遇到更好的人

第五章　识人术在不同场景下的应用

ONE

第一章

察言观色，了解一个人的行为模式

01

学会适度"以貌取人"

很多时候，我们是可以通过外表洞察人心的。有人可能会觉得，这不就是以貌取人吗？这样识人真的准确吗？很明确地说，未必完全准确，但在日常生活中，"以貌取人"也有一定的作用。

在初次见面时，我们为何会习惯性地打量对方？从心理学的角度来看，每个人都有通过掌控周围环境来获得安全感的需求，这有助于我们适应当前的情境。在与他人交往的过程中，如果对方给我们的感觉是未知和不可控的，我们就会缺乏安全感，从而产生心理上的不适，甚至可能中断交往。

通过外貌来判断他人使我们能够迅速对其进行初步归类，从而降低适应环境的成本，快速获得安全感，使得这段交往得以继续。

以貌取人并不是一些人口中所谓的"势利眼"，而是寻求心理安全感的必然需求。既然要通过外貌辨别人，那么就需要掌握一些看外貌识人的技巧。

看相貌和皮肤状态：
判断对方的健康状况与生活习惯

生活中，有那么一群自封为"外貌协会会员"的小伙伴，他们高举"颜值即正义"的大旗，把外貌当成了交友的敲门砖。

这种观点是非常肤浅的，外貌哪能代表一个人的内在品质呢？没错，长得好看的人可能更容易让人心生好感，甚至在犯错时也更容易获得原谅，但这种现象是被我们批判的，即不能"三观跟着五官走"。

想要真正了解一个人，我们应当避免过度受外貌影响。不过话说回来，相貌和皮肤状态确实能为我们提供一些关于健康状况、生活习惯乃至某些性格特征的基本线索。

需要注意的是，这些解读往往是基于概率和一般性的趋势，并不能准确反映每个人的具体情况。

1. 看五官

①面部轮廓

圆润有肉的面部可能暗示着较好的营养状态，说明这个人在饮食上不会亏待自己。

瘦削或棱角分明的面部可能表明这个人在饮食上有所控制，或并没有很大的口腹之欲。

②眼睛

明亮、有神的眼睛通常表示这个人精力充沛，心态积极。眼白清澈可能说明身体状况不错。眼白泛黄可能是健康状态异常的信号。

眼神黯淡暗示着疲劳、压力或潜在的健康问题。眼袋或黑眼圈可能表明睡眠不足或眼部疲劳。

③鼻子

鼻子出现黑头、粉刺，反映皮肤油脂分泌旺盛、清洁不到位或者内分泌失调等。

俗称的"酒糟鼻"并不代表这个人爱喝酒，而是发生于面部中央的一种皮肤病。

④嘴唇

嘴唇红润表示身体健康，血液循环良好；嘴唇苍白可能是贫血或者身体状态不好。

嘴角干裂说明在干燥天气下仍不注重保养。

2. 看皮肤状态

①红润有弹性的皮肤是身体健康、营养充足的标志。年长者仍有良好的皮肤状态意味着注重保养和追求生活质量。

②油腻的皮肤在年轻人中可能意味着皮脂腺分泌旺盛，这与激素水平有关。而在中年人中，皮肤油腻发红可能暗示着饮食不健康、偏好油腻重口或有爱喝酒的习惯。

③干燥暗沉、毛孔粗大的皮肤可能是睡眠不足、压力大、缺乏运动等因素导致的。

看精气神和眼神：
判断对方是否乐观向上

1. 看精气神

聊起"精气神"，有人直呼："哎呀，这玩意儿，比量子力学还抽象！"我们是不是把它想得跟解高数题一样难了？其实，它就像你相亲第一眼的感觉——穿搭是否在线、颜值是否"爆表"、聊天能不能逗你笑，这些都非常简单。

想象一下，今天你遇到了两个人：甲和乙。甲跟你聊天时眼睛闪烁着活力，温柔又灵动，配合你的话语不时发出悦耳的笑声。而乙呢？那张脸毫无生气，跟块木头似的，眼神空洞得能吓跑人，走路跟背了座山似的沉重。你说，这俩你更喜欢谁？

那些精神头十足、活力爆棚的伙伴们，往往对生活充满热情，抗压能力也很强。相反，如果一个人总是蔫蔫的，萎靡不振，那就要注意了，可能身体健康状况不好，或是对环境感到厌倦，提不起干劲。

公司里有两位女同事：同事 A 和同事 B。她们都是家庭事业两不误的中年女性，但精气神截然不同。A 总是提前到岗，面色红润有笑容，说话响亮，爱和人聊天，几乎没听她抱怨过什么。反观B，总是愁眉苦脸，说话前先叹口气，尽是对生活的不满。

这可不是在比较谁好谁坏，只是想说明每个人都有自己的精气神。A可能身体硬朗，心态也乐观；B或许身体不太好，或者家里事多、压力大。精气神这东西，确实能反映一个人的状态和能力。

说白了，精气神就是你面对生活的态度和能量。它来自健康的身体、自信的内心、积极的态度，还有家人、朋友的支持。当你精气神足时，处理问题的能力就强，也更容易得到好结果。就像A，精气神好，有干劲，在公司人缘好，领导也更看重她。

2. 眼神交流

眼睛，小时候写作文的时候都会给它贴上"心灵的窗户"的标签。没错，眼睛的确是洞察人心的一个重要窗口。通过观察一个人的眼睛，我们可以初步感知到他的内涵、修养，甚至性格特征。眼睛的形状虽然是天生的，但眼神却是内心世界的真实写照，能够传达出丰富的心理信息。

孟子早在春秋战国时期就深刻指出，眼睛是判断人心善恶的重要标准。他说："存乎人者，莫良于眸子。眸子不能掩其恶。胸中正，则眸子瞭焉；胸中不正，则眸子眊焉。"这句话告诉我们，眼神能够反映出一个人内心的真实状态，无法伪装。

①眼神透露品格

品行端正、心胸宽广的人，眼神清澈坦荡，仿佛能洗净一切尘埃。而虚伪、心胸狭窄的人，眼神中却藏着阴险狡诈，让人一眼就能感受到不安。

②眼神反映志向

志向远大的人，眼神坚定执着，仿佛有股力量在推动他们不断前行。而那些轻薄肤浅的人，眼神则像浮萍一样，随风飘荡，缺乏稳定性，让人难以捉摸。

③眼神展现性格

性格内向、懂得自我克制的人，眼神往往比较内敛，不会轻易表露自己的情感。而高傲自大的人，眼神中则常常带着一种目中无人的傲慢，仿佛全世界都欠他们一份尊重。

④眼神反映精神

当一个人感到疲劳时，眼神会变得呆滞，暗淡无光，缺乏活力。而精力充沛、乐观向上的人，眼神则炯炯有神，明亮活泼，仿佛有股生命力在涌动。

⑤眼神判断真伪

诚实的人眼神坚定、沉稳，能够坦率地面对他人。而说谎的人，眼神则容易游离不定，不敢直视别人的眼睛，仿佛内心在颤抖，显得心虚不已。

看服饰着装：判断对方的审美风格和经济条件

人们常说"先敬罗衣后敬人"，初次见面的时候，人们往往先被穿着打扮吸引，而后才逐渐了解和尊重对方的内在品质。这并不是不看重人的内在，而是反映了人类视觉直观感受的初步判断。

1. 着装搭配

①衣着搭配：衣着搭配直接反映了个人的审美与风格。无论是同性还是异性，喜欢华丽搭配的人，往往性格开朗、活泼，追求与众不同，有着较强的自我表现欲和一定的虚荣心。他们擅长通过别出心裁的装扮来吸引眼球，展现出自己的独特魅力。相反，选择朴素搭配的人则更为稳重、内敛，注重实用性，不张扬，给人以踏实、可靠的感觉。

②质地与经济状况：衣物的质地往往与经济条件和生活态度紧密相连。天然材质如棉、麻、丝等，因其舒适度和环保性，更受经济条件较好且追求生活品质的人的喜爱。而人造材质则可能因成本较低，成为经济条件有限或注重实用性的人的选择。

③整洁程度：衣物的整洁程度是观察一个人生活习惯和心理状态的重要窗口。衣着过分整洁的人，可能过于在意他人眼光，内心较为紧张。适度的整洁则显示出良好的生活态度和自我尊重。

2. 男性着装风格偏好与性格的关系

对于男性而言，着装风格的偏好能够反映出一些性格特点。

①爱穿基本款服装的男性通常性格沉稳、保守，喜欢简单、实用的东西。

②爱穿休闲款服装的男性往往性格随和、乐观，具有亲和力。

③爱穿西装的男性通常具有一定的事业心和控制欲。

④爱穿中式正装如中山装的男性可能性格较为传统、保守，注重礼仪和规矩。

⑤爱穿潮流服饰的男性往往自信且大胆，勇于展现自我，积极追求新事物。

需要注意的是，以上解读仅供参考，因为每个人的性格和情绪都是复杂多变的，不能仅凭衣服就做出绝对的判断。此外，不同文化和地域对着装的解读也可能存在差异，因此在具体情境中需要结合实际情况进行分析。

看气质仪态：判断对方的修养与素质

通过观察一个人的仪态，我们可以对其修养素质有一定的判断。良好的仪态是学识水平、道德修养和精神状态的自然流露。

1. 良好的仪态有以下几种

①站姿挺拔：站如松，双眼平视，嘴唇微闭，下颌微收，双肩平齐，双臂放松，挺胸收腹，臀部收紧，双腿挺直。这样的站姿显得人稳重、大方、挺拔，同时也体现了对周围环境的重视。

②坐姿端正：坐如钟，腰背挺直，双肩放松，身体可稍向前倾以表示尊重或谦恭。女士落座时，两腿自然并拢，两手交叉相握轻放腿上；男士两腿可略分开，但不宜超过肩宽。这样的坐姿显得人

优雅、端庄，给人以稳重感。

③走姿稳健：行如风，昂首挺胸，平视前方，双肩平稳，自然摆臂，步幅适中，匀速前行。女士要轻盈、优雅；男士要稳重、矫健。这样的走姿展现出人的精神面貌和健康状况，同时也体现了自信和从容。

④蹲姿优雅：下蹲时腰背挺直，稍稍前倾，一脚在前一脚在后，臀部向下自然下蹲。女士双腿应尽力靠拢；男士双腿可略有间隙。这样的蹲姿避免了不雅姿态，体现了对他人的尊重和礼貌。

2. 不良的仪态有以下几种

①站姿不雅：歪着脖子、斜着身子、一肩高一肩低、身体重心不稳或倚靠其他物体、双腿叉开过宽、双手叉在腰间或双臂抱在胸前等。这样的站姿显得人懒散无礼，缺乏自信和稳重感。

②坐姿不端：抖腿、跷脚、前倾后仰、歪歪扭扭、双腿过于叉开或过于伸长、高跷二郎腿或脚尖指向别人等。这样的坐姿显得人慵懒无礼，缺乏尊重和礼貌。

③走姿不稳：大摇大摆、左顾右盼、扭腰摆臀、迈八字步、脚蹭地面或鞋跟发出太大声响、双手插裤兜、走路看手机或与同行者勾肩搭背等。这样的走姿显得人轻浮不稳重，缺乏自信和从容。

④蹲姿不雅：弯腰撅臀式下蹲、双脚叉开"蹲厕式"下蹲、面对或背对别人下蹲等。这样的蹲姿不仅不雅观，还可能造成走

光等尴尬情况，也是对他人的不尊重。

　　一个人如果在公众场合长期仪态不雅，比如坐在办公室把脚翘到桌子上，坐地铁时把脚放到椅子上，站的时候歪歪扭扭还抖腿，这些行为说明这个人缺乏礼仪教养，不尊重他人。

02

通过言行举止了解对方

通过观察一个人的说话方式和行为表现，能够看出他的性格特点。仔细留意他的言谈和行为，可以了解他内心的想法和情感。

看微表情与微动作：
判断对方是否在说谎

通过观察谈话时的微表情来识别他人，这不仅有助于我们更准确地把握对方的情绪和意图，还能在无形中缩短彼此之间的距离。

1. 笑容：情绪的直观体现

友善地微笑：不露齿、不出声，传递出友好与温暖。

愉悦地轻笑：嘴巴微张，上齿显露，表明心情愉悦。

开心地大笑：笑声夸张，满面春风，是极度高兴的表现。

无奈地苦笑：满面愁容，透露出内心的苦恼与无奈。

2. 眉毛：心情的晴雨表

扬眉：表示欣喜、惊讶或好奇。

皱眉：传递出苦思、反感或不满的情绪。

挑眉：可能是反抗、挑衅，也可能是挑逗、顽皮。

3. 眼睛：窥探内心的窗口

主动与人交换视线：表示对于谈话内容十分坦率，或者是个稳重、有教养的人。

目光飘忽不定：表示紧张不安，或想掩饰什么。

长时间盯视：表示对方正在观察你的反应。

眼睛突然睁大：通常表示兴奋、激动、紧张，或者害怕、恐惧。

两眼无神地看着某处不动：表示疲倦、厌倦或走神。

眯眼：在交流中，可能表示不赞同、不理解或反感。

眨眼频率：说谎时，眨眼频率可能加快，因为大脑在努力编造谎言。

4. 鼻子的微妙变化

鼻子冒汗：表明对方非常紧张，可能是对即将发生的事情感到担忧。

皱鼻子：不认同对方的观点，甚至厌恶，或者是闻到了刺激气味。

5. 嘴形：情感的宣泄口

O 形嘴：惊讶、震惊时的自然反应。

抿嘴：压抑紧张情绪，可能对自己说的话没有信心。

撇嘴：不屑、轻蔑的表现，通常伴随着嘲讽的语气。

咬嘴唇：仔细倾听，表示你的话已经打动了对方；或者非常生气，正在忍耐。

舔嘴唇：有自我表达的意愿，想插话引起注意；或者因为紧张而不自觉地舔嘴唇。

紧闭嘴唇舔牙齿：压抑攻击性，可能正在准备反驳或反击。

需要注意的是，通过观察谈话时对方的微表情与微动作，可以判断其目前的内心状态。但这不是百分之百正确的；心理学没有百分之百的确定，只有大概的估算。

听声音和口头禅：捕捉对方情绪变化

中国有句老话："听话听音，锣鼓听声。"意思是，听人说话不仅要听内容，更要听声音背后的意思和情感。每个人的声音和口头禅，都像是他们的"声音名片"，能反映出他们的性格和内心世界。

1. 音量的大小

性格外向的人：说话嗓门大，滔滔不绝，重视人际关系，喜欢社交，自信满满。

性格内向的人：说话轻声细语，声音温和，谨慎小心，有文化修养，尊重他人。

2. 声音与心理状态的关系

声音不仅仅能反映性格，还能透露出人的心理状态。我们可以通过观察声音的变化，来了解对方当时的情绪和心理状态。

内心平静：声音平和。

内心兴奋、气愤或害怕：声音提高，甚至变得嘶哑。

3. 口头禅透露的性格特征

口头禅是人潜意识的条件反射，是人在不经意间透露的个人信息与个人性格。

犹豫不决型："可能吧""再说吧"。

自信强势型："你听我说""那必须的"。

焦虑敏感型："万一呢""会不会出岔子"。

乐观积极型："没问题""多好啊"。

控制欲强型："你应该这样""你要按我说的做"。

完美主义型："还不够""再检查一下"。

分析语言表达能力：评估对方的智商和情商

情商高的人，说话得体，能懂别人心思，交流时让人感到舒服，处理情绪也游刃有余。这就是我们通常说的"一点就通"，即他们能够迅速理解和适应各种情况。

智商高的人，讲话有条理，逻辑清楚，解释复杂事情也头头是道，即他们能够清晰地表达自己的思想和观点。

相反，情商低的表现为难以理解他人情感，缺乏同理心，沟通交流的技巧差，经常进行无意义的反驳和抬杠，有时还很难控制情绪。

智商低的表现为表达混乱，逻辑不清晰，难以用简洁明了的语言阐述观点。

当然也有特殊情况，有少数高智商的人语言组织能力不太行，有时也会表达混乱。

在全面评估一个人的情商和智商时，还需要综合考虑其个人经历、教育背景、性格特点等多个因素。

看言行是否一致：判断对方是否真诚可靠

观察对方言行是否一致，是看清一个人真面目的重要方法。一个真正诚实直率的人，说的话和做的事通常不会有太大的出入。如果我们留意一个人在说话和做事上是不是保持一致，就能大概判断他值不值得信任。

比如说，如果一个人嘴上说着对人好，但行为上却冷漠无情，那很可能他并不是真心待人。真诚的人，说话做事往往都是发自内心的，不会故意装模作样。平时和人打交道时，多留意言行是不是一致，就能更好地了解这个人的真实想法。

03

肢体语言所表达的"潜台词"

　　心理学研究发现，很多时候对方说的话其实只传达了很少一部分信息，我们可以通过对方的说话语气快慢和身体动作来理解他们的"潜台词"。这就意味着，就算有时候没听清对方说话的内容，我们也能感觉到他们的心情和想法。

　　正如现在人们常说的那句"嘴上说不要，身体却很诚实"。现在就来看看谈话时，坐在对面的人是怎样表现的吧？

观察肢体动作：
判断对方是否对你感兴趣

　　人们说话时，不仅嘴巴在动，身体也在传递信息。身体动作往往比言语更真实，能揭示人的性格。高手能够通过观察身体动作来识人，了解人们的内心。

1. 紧握双手

在交流过程中，如果对方不自觉地紧握双手，这往往透露出其内心深处的紧张与焦虑情绪，可能表明他已在一定程度上失去了对交流进程的掌控感。有些人会错误地将这种举动解读为自信的标志，然而事实上，真正自信的人鲜少出现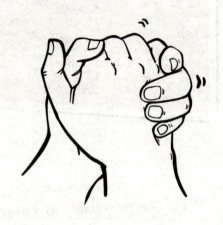这种行为。一旦你敏锐地捕捉到这一非言语的线索，便有机会巧妙地利用对方的紧张状态，为自己争取到更为有利的交流条件。

2. 十指交叉

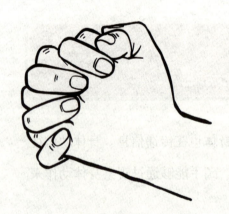面带微笑谈话时，有些人会无意识地将手指轻轻交叉，放置于桌面或胸前，显得轻松自然。但手指交叉过紧时，则透露出此人内心的不平静和不安情绪。

3. 尖塔式手势

尖塔式手势，即双手手指指端一对一结合，手掌不接触，形似教堂塔尖，是自信的象征。这个手势较为特殊，不易被误解，常被精英和佼佼者使用。有些男士经常使用这种手势，代表着他非常自信。

4. 托盘式手势

女性在面对心仪对象时，可能会做出托盘式手势，即双肘支撑桌面，双手像个托盘似的捧着脸。这表示她对对方很感兴趣，此手势在女性中较为常见。如果你的闺蜜在你面前向某位男士做出这个动作，那么说明她对这位男士非常有好感。

5. 双臂合抱胸前

双手抱在胸前，构成一道阻挡威胁的屏障，表示神经紧张、充满敌意或自我保护。这种姿势常在陌生人之间出现，也用于刻意保护自己，与对方制造距离。

6. 身体前倾

对话时身体前倾，表示说话者对对方有渴望建立联系的意愿，是积极的姿态，愿意倾听和关注。假如你去一家公司面试，面试官做出这个动作，说明对方对你比较满意，那么被录取的概率就很大。

7. 双手平摊

当我们在说心里话时，
有时会无意识地将手掌张开
给对方看，这个动作表示诚
实可信。若想表现出真诚，
可以适时伸出双手摊开。

观察无意识动作：
分析对方心里是否慌乱

古人识人术口诀中有一句为"观人于忽略"，即指观人时要看
他下意识、不经意间的动作，这样才能更准确地发现其真实的内心
世界。

下面我们就来看看那些常见的小动作，它们揭示了一个人的哪
些性格特点：

1. 喜欢把手放在嘴上或摸嘴

这类人往往内心比较敏感，容易多疑，缺乏安全感，同时也非
常在意别人对自己的看法。他们不太愿意轻易向他人透露自己的秘
密，与人交往时会有所保留。

2. 摇头晃脑，肢体语言夸张

这类人在公共场合常常摇头晃脑，并伴随着夸张的肢体语言来

表达自己的意思。他们通常非常自信，甚至有些自恋，善于表现自己，不太在意他人的看法，有一种唯我独尊的气质。当然，也有一些人这样做可能是出于隐性自卑，试图通过夸张的表现来掩饰自己的不安。

3. 肢体语言过于夸张和混乱

如果一个人的肢体语言过于夸张且混乱无序，给人一种张牙舞爪的感觉，这往往意味着他当时比较紧张，大脑思维混乱。如果这种情况经常发生，那么他可能缺乏自信，容易受到外界的影响而产生心理动摇。

4. 搓手或玩弄手指

当一个人搓手或玩弄手指时，往往表示他内心非常焦虑，感到不安和惶恐。这种行为可能是他在撒谎时的表现，也可能是他长期承受精神压力、内心一直惶恐不安的反映。

5. 喜欢抖腿或晃动

这类人通常比较自私和吝啬，在做事时往往只考虑自己的利益，很少顾及他人的感受。他们喜欢通过抖腿或晃动身体来表达自己的不满或焦虑情绪。

观察情绪表达：
从肢体动作中识别对方是否心虚

当情绪在惊恐、愤怒、紧张、悲伤、开心等状态间波动时，个体的肢体动作也会自然而然地发生变化。以下是一些情绪与对应肢体动作的解读，但请注意，这些解读并非绝对。

1. 张开双臂

这个动作通常意味着个体乐于接近他人，愿意进行交谈，是一种积极情绪和状态的表达。

2. 倾头

当个体下意识地倾头时，这往往表明他对所听到的内容感兴趣，想要进一步了解相关信息。

3. 摸鼻子

在大多数情况下，说话者做这个动作可能是撒谎后心虚的表现，而对于倾听者来说，这可能是对听到的内容表示怀疑、沉思，或对说话者不满等情绪的反应。

4. 耸肩摊手

这个动作通常表示个体不在意、无所谓，对所听到的内容不感兴趣甚至不愿意知道，是一种消极态度的体现。

5. 低头

除了低头看东西之外，在聊天或走路时低头有两种可能的解读：一是害羞腼腆的表现，二是不够自信甚至自卑的体现。总体来说，低头往往与消极情绪相关联。

当然，我们必须认识到，对于动作所表现出的心理情绪的解读并非绝对。有时候，这些经典动作的出现并不一定意味着相应的情绪存在，因此我们不能一概而论。

04

听，有时比说更重要

在与人交往的过程中，倾听是一项极其宝贵的技能。它不仅能够帮助我们深入了解事情的本质及其背后的原因（即所谓的"来龙去脉"），还能促进彼此之间的相互理解，使我们更加熟悉对方的性格特点和个人背景。

当一个人能够静下心来，专注于聆听他人的讲述时，往往会收获意想不到的知识与见解。这就好比是开启了一扇又一扇通往心灵深处的小窗户，让我们得以窥见说话者内心深处的想法与情感。

例如，通过听取某人对自己生活经历的描述，我们可以大致判断出这个人是否积极向上、面对困难时的态度如何；而从他对家庭成员及朋友圈子的看法中，则能进一步了解到他在日常生活中与他人相处的方式方法。

此外，人们常在不经意间透露出真实的想法与情感。即便是简短的话语或细微的表情变化，也能成为洞察他人内心世界的关键。

筛选言语的重要信息：精准理解对方需求

在日常聊天、工作交流和商务谈判这些场合中，能从对话里快速抓到重点信息，这是非常重要的。它不仅能助我们准确理解对方的需求和心思，还能在紧要关头帮我们做出明智决定。掌握了这些技巧，你就能更有效地从对方的话里挑出关键信息，让沟通更顺畅，也更能掌握主动权。下面是一些实用的小妙招和建议：

1. 鼓励对方表达

给予对方充分的表达空间，说得多则透露的信息就更多。

要找话题，肯定要先起个头，比如刚认识一个新朋友时，找话题聊天得小心点。如果你一上来就问"你工资多少"，这可能会让气氛突然变得很尴尬，毕竟这个问题太直接了，容易让人觉得唐突。换个问题问就好多了，比如："最近工作怎么样？""有没有碰到什么新鲜事或者挑战，让你觉得特别有意思或者很有成就感？"这样的问题，既能让对方有机会多说说，也能让聊天更自然。

等对方回答时，你可得耐心听，别急着打断。给对方足够的时间来表达自己的想法和感受，这样对话才会更生动有趣。如果对方开始分享自己的经历和看法，你可以点点头、笑一笑，或者简短地回应一下，表示你在听，也理解了。这样做能让对方感觉到你的尊重和支持，他们就更愿意继续往下说了。

当然，听的时候也别光沉默。你可以适时地提些更深入的问题，引导对话往更深层次发展。这样，你们之间的交流就会更加顺畅，你也能更快地了解对方。

2. 提出引导性问题

对于不善言谈的人，可以通过一些引导性问题来打开话题，如询问对方的工作、家庭或兴趣爱好等。这有助于营造轻松的交流氛围，让对方更愿意分享信息。

不过，有时直接问可能不太合适。这时，不妨试试"故意说错法"来巧妙地获取信息。这个方法很简单，就是故意说点错的，等对方来纠正你。这样一来，你就能自然地知道你想要的信息了。比如说，你到新单位，想知道上司到底结没结婚，但直接问有点尴尬。那你就可以跟同事聊聊："听说我们主管结婚好几年了，看起来真幸福啊！"如果同事说："不对吧，他好像才结婚半年。"这样，你就知道了，原来主管刚结婚半年。

人们通常都喜欢纠正别人的错误，显得自己见多识广。所以，"故意说错法"就是利用了这个心理。你故意说错点什么，让对方来纠正你，这样他们就会在不知不觉中告诉你很多有用的信息。这种方法很实用，而且语言也很自然，不会让人觉得突兀。

3. 识别关键词和短语

留意对方频繁提及或强调的词汇和短语，这些往往是其话语中的关键信息点。

4. 关注转折

当对方使用"但是""然而""事实上"等转折词时，其后的内容往往更为重要，因为它们可能揭示了对方的真实想法或事物的重点。

5. 关注语气和语调

对方如果突然提高音量或语速，通常是说出关键信息了。

6. 排除干扰信息

学会区分哪些信息是次要的或无关的，以便将注意力集中在真正重要的内容上。

提升理解能力：
识别对方的真实意图

在人际交往中，经常会遇到表面言辞与实际意图不符的情况。准确理解并识别话语背后的真实意图，这有助于我们更加深入地了解一个人。

以下是一些帮助你识别对方真实意图的方法：

1. 倾听与观察

真实意图往往隐藏在对方的非言语表达中。倾听对方的语气、语调，观察他们的眼神、面部表情、手势及肢体语言，这些都能为你提供关于对方真实意图的线索。当对方言辞含糊或表情与言辞不符时，应敏锐地捕捉这些非言语信号。

2．分析词语与语气

对方在说话时选择的词语和使用的语气往往能反映出他们的真实意图。注意那些间接、含糊或模棱两可的措辞，以及带有暗示性的语气。通过仔细分析这些词语和语气，你可以更准确地推断出对方的真实想法。

3．了解背景与情绪

每个人的表达都受到自身背景、经历和情绪状态的影响。在沟通中，尝试了解对方的生活境遇、性格特点和当前情绪状态，这有助于你更深入地理解他们的言外之意。通过耐心倾听对方背后的故事和情感，你可以更准确地把握他们的真实意图。

4．提问与引导

如果你对对方的话语存在疑问，不要害怕提问。通过主动发问或请求进一步解释，你可以引导对方更深入地表达自己的意思。采用开放性问题，鼓励对方详细回答，这有助于你更全面地了解他们的真实需求和意图。

5．多角度思考与推测

为了更准确地识别对方的真实意图，你需要具备多角度思考与推测的能力。尝试从对方的角度出发，设身处地地思考他们可能的意图和需求。通过培养同理心，你可以更好地理解对方的感受，从而更准确地把握他们的真实意图。

6．训练与实践

真实意图识别能力需要长期的训练与实践。通过与不同背景、不同文化程度的人进行交流，你可以不断锻炼和提高自己的理解能力。在每一次沟通中，都要注重倾听、观察、分析和提问，逐渐提升自己的真实意图识别能力。

保持敏感和警觉：第一时间听懂对方暗示

暗示，就是人们在某些情况下不直接说出自己的想法，而是通过话语、动作、表情等间接方式来表达某种意思或需要。在人与人交往中，特别是工作和社交场合，这种暗示很常见。如果不懂这些暗示的门道，可能会吃亏。接下来，我们聊聊四种常见的暗示及如何应对它们。

1. 模糊性暗示

模糊性暗示指的是用一些不太明确的词语或说法来表达某种意图或要求。比如，"差不多吧""再想想""以后再说"等。遇到这种暗示时，别急着回答或做承诺，特别是当你还没完全理解对方到底想说什么时。你可以问问对方具体想要什么或期望你做什么，这样更容易理解并满足对方的需求。

2. 隐喻性暗示

隐喻性暗示是通过比喻、象征等手法间接地表达某种意图或情感，比如"你太牛了"；或者通过某些话暗示拒绝或不满，如"这事有点难办"。在特定情境下，人们也会利用环境、场合或事件来传达暗示。比如聚会时，主人频繁看表，可能是聚会要结束了。应对这种暗示时，别直接回应对方的比喻或象征，而是要想想对方真正想说什么。你可以问问对方具体是指什么，或者通过提问让对方说得更直接些。

3. 间接性暗示

间接性暗示就是不直接说出自己的意思，而是通过第三方、含蓄的语言或行为来表达。比如，对方说"你是个好人"，可能是在委婉地拒绝你；或者有人说"我们私下聊"，可能是想避免在大家面前让你尴尬。遇到这种暗示时，要仔细观察对方的言行举止，从多个角度分析他们的真实意图。如果有不明白的地方，最好直接问清楚。

4. 非语言性暗示

非语言性暗示是通过肢体语言、面部表情、眼神等非语言的方式来传递信息。应对这种暗示时，要敏锐地捕捉对方非语言行为中的每一个小细节，比如姿势、表情和眼神，这些都是解读的关键。同时，你也可以试着模仿对方的非语言行为，这样能提高你的理解和表达能力。

总的来说，暗示在人际交往中很常见，就像暗流一样无处不在。如果能理解并掌握这四种暗示及其应对方法，你就能更深入地理解他人的意图和需求，让人际关系更加和谐。

在处理暗示时，要保持敏感和警觉，同时注意自己的言谈举止和沟通技巧，这样才能更准确地回应对方的心意。无论是在职场还是日常生活中，了解并精通各种暗示技巧，都能帮助你更好地与他人相处，提高生活质量。我们要知道，听不懂暗示或解读错误，有时会造成无法弥补的遗憾。

05
从情绪波动中看人的修养

通过观察一个人如何管理自己的情绪，我们可以大致了解他的自控力和情感状态。当一个人生气时，他可能会表现出与平时不同的言行，这往往能反映出他内心的情感和性格特点。因此，学会观察和解读生气时的表现，对我们更好地了解一个人很有帮助。

留意情绪变化：
判断对方是不是一个情绪稳定的人

切入正文之前，先讲一个故事。

一个爸爸带着女儿和她的男性朋友去餐厅吃饭。吃完饭后，爸爸对女儿说："我觉得你这个朋友性格上有问题，不适合深交。"

女儿很疑惑，爸爸就解释："刚才有个女服务员不小心把菜汤洒到了你朋友身上，他一下子就生气了。服务员一直道歉，都快被吓哭了，但他还是不停地发脾气，甚至还想动手。这样的人情绪容易失控，对人也不宽容，心胸狭窄，还缺乏基本的礼貌。"

女儿听了有点不信，说："他平时对人挺好的，今天可能是真的太生气了。"

爸爸又说："要看清一个人的性格，不能只看他高兴的时候，因为每个人高兴时都会和和气气的。只有在他生气的时候，才能看出他的真面目和真正的品行。"

结果后来，这个朋友真的因为利益问题而翻脸不认人。

从这个故事中，我们深刻认识到，观察个体在情绪波动时的行为模式至关重要。

1. 情绪反应

我们必须留意对方在不同情境下的情绪反应。面对成功、失败、喜悦或挫折，其表现能直观反映其性格的坚韧度及对环境变化的适应能力。那些在逆境中仍能保持乐观的人，往往具备更强的解决问题的韧性与智慧。

2. 情绪稳定性

情绪稳定性是衡量个体心理健康与自我调节能力的关键。情绪波动频繁或反应过度的人，可能暗示其心理承受力与自我调节机制存在缺陷。相反，情绪稳定者更有可能在团队中扮演冷静、理性的决策者角色。

3. 是否合理表达情绪

社交互动中的情感表达同样不可忽视。个体是否愿意开放心扉、分享个人感受，以及能否同理他人，是衡量其同理心与人际关系处理能力的核心指标。那些擅长情感表达且能理解他人情感的人，在社交场合中往往更受欢迎，也更能建立稳固的人际关系。

4. 捕捉表情信号

我们必须学会从细微之处捕捉情绪信号。很多时候，个体的真实情绪并非通过言语直接表达，而是通过肢体语言、面部微表情或语调变化等非言语线索透露。敏锐地捕捉这些线索，能够使我们更准确地洞察对方的真实感受与内心世界。

评估共情能力：判断对方是不是一个善良的人

著名心理学家罗杰斯说："所谓共情能力，就是设身处地体验他人处境，感受和理解别人情绪的能力。"进一步细分，共情能力可分为两种：感性共情和认知共情。感性共情就像是两个人情感上的连接，对方能自发地理解你的感受，与你同悲共喜，甚至在冲突时愿意因为你让步，认为你的快乐就是他的幸福。而认知共情则是对方虽然能理解你说的话，但在情感上无法真正体会你，他们更多是基于逻辑和判断来回应你，除非这件事对他们有意义。

评估共情能力通常应用于婚姻感情领域，因此，本文此处重点分析男女恋爱中的共情能力。我们通常所说的共情能力实际上指的是感性共情，它不仅决定了我们能否理解并解读伴侣的情绪，还是情商和创造力的重要组成部分。遗憾的是，并非所有人都具备这种能力。有些人仅具备认知共情，他们更倾向于关注自身需求，而非与伴侣共同体验生活。此外，还有一些人在感情中既缺乏感性共情也缺乏认知共情，他们往往只追求满足自己的原始本能。

那么，在恋爱初期，女性怎么识别出那些没有共情能力的人呢？

1. 难以清晰表达个人情感

在恋爱初期，如果你发现对方难以清晰描述自己的感受，往往需要多次询问才能得到回应，这可能表明他们缺乏共情能力。他们可能无法连贯地讲述过去的情感经历，只是简单地用结果来总结，如"因为不合适就分手了"。当你试图深入了解时，他们可能会显得无所适从或不耐烦，缺乏对过去关系的深入理解和反思。

2. 关系推进速度异常快

没有共情能力的人可能会在恋爱初期迅速推进关系，尤其是在身体接触方面。他们可能非常主动地追求亲密感，但这种方式往往缺乏真正的情感连接。这类人可能更倾向于通过肢体接触来获得亲密感，而不是通过深入的情感交流。如果你发现对方在很短的时间内就想着与你发生亲密关系，但缺乏深入的情感交流，这可能是一种缺乏共情的迹象。

3. 只关注结果，忽视感受

在与缺乏共情能力的人相处时，你可能会发现他们更关注你的反馈和结果，而不是你的真实感受。当你表达复杂的情绪时，他们可能会给出一些不相干的建议或行动，试图让你开心起来，但并未真正关心你的内心感受。他们可能更倾向于迎合你的需求，而不是主动了解你的情感世界。这种只关注结果、忽视感受的行为模式可能表明他们缺乏共情能力。

4. 完美"人设"与言行不一

缺乏共情能力的人通常会努力维持一个完美无缺的形象，不愿暴露自己的缺点和脆弱。他们可能害怕你一旦发现他们的不足就会离开，因此会尽力伪装自己。在热恋期，他们可能会尽力扮演一个完美的恋人角色，以赢得你的信任。然而，这种完美"人设"往往是不真实的，因为真正的亲密关系需要双方能够相互暴露内心的脆弱。如果你发现对方总是表现得过于完美，言行不一致，甚至在你尝试深入了解他们时也会有所保留，这可能是一种缺乏共情能力的迹象。

观察情绪管理：
判断对方是不是一个易怒的人

女性在寻找伴侣时，都希望找到一个情绪稳定的人，以减少亲密关系中的"内耗"，实现双方的共同成长。那么，在交往初期，我们该如何通过观察生活细节来判断对方是否情绪稳定呢？可以关注以下几点，这几点不仅适用于亲密关系，也可以用于鉴别其他人的情绪稳定性。

1. 观察公共场所的行为表现

在餐厅用餐时，如果服务员上菜稍慢，他就立刻发火、指责和抱怨；或者在开车时，遇到堵车就破口大骂，这样的人很可能情绪不稳定。

2. 留意是否经常抱怨

如果他总是抱怨自己的家庭背景不好、社会对自己不公等，这可能表明他是一个情绪不稳定的人。

3. 观察是否具有焦虑特质

面对工作中的微小变动，他会感到惴惴不安；遭遇一次小失败，就担心生活会变得更糟。这样的人往往情绪不稳定。

4. 注意是否容易被他人煽动

例如，遇到有人推荐投资项目时，他没有经过深思熟虑就热血沸腾地想要投入全部积蓄，并坚信自己能赚大钱。这种容易迷信和盲从的人，情绪也可能不稳定。

5. 观察在矛盾中的表现

如果他动不动就拉黑你的微信、说难听的话，或者在吵架时有自虐、砸东西等极端行为，那么这样的人也可以判断为情绪不稳定。

6. 观察对家人的态度

有些人在外表现得彬彬有礼、温文尔雅，对同事和朋友都很友好，但对自己最亲密的人却容易情绪失控。因此，在判断一个人是否情绪稳定时，不能只看他平时对朋友或同事的表现，还需要观察他对家人的态度。

TWO

深度评估，真正看清
一个人的内心

01

生活的圈子，对人有着深远影响

在寻找朋友或伴侣时，我们内心深处都渴望遇到那个真诚可靠、能与自己心灵相通、无话不谈的人。要达到这样的默契，首先需要我们去了解对方，确认彼此是否志同道合、三观相近。

然而，真正了解一个人并非易事。它往往需要长时间的相处和细致的观察。正如那句老话所说："路遥知马力，日久见人心。"初次见面时，我们可能会依据对方的穿着打扮、外貌特征，甚至是眼神交流来形成初步的印象。但这些仅仅停留在表面，它们像是一层薄纱，遮挡住了对方的真实面貌。

要揭开这层纱，深入探究一个人的性格特质、价值观取向、生活方式及经济背景，就需要我们投入更多的时间和精力。我们需要与对方共同生活，经历各种场景，才能逐渐了解其成长环境、生活经历，以及去分析这些经历如何塑造了现在的他。只有这样，我们才能找到那个与自己心灵契合的人。

了解社交圈：
判断对方的品性

　　人们常说，你的交际圈能反映出你是个什么样的人。这话真的很有道理。想象一下，你想了解一个人，看看他平时都和谁在一起，经常出现在哪个圈子里，就能大概知道他的性格、为人和兴趣爱好了，甚至还能看出他的身份、地位和背景。

　　有个人买了头驴，但不确定好不好，就先牵回家试试。他把新驴和家里的三头驴放在一起，那三头驴，一头懒，一头勤快，一头会讨好主人。结果，新驴没过多久，就选择和懒驴待在一起，再也不愿意分开了。买驴的人一看，立马就把新驴牵回去退了。他说，看这驴和谁在一起，就知道它是什么样了。

　　识人也是这个道理。我们每天都在和人打交道，都有自己的小圈子。虽然圈子里的人性格可能都不一样，但大多数情况下，还是兴趣相投、性格相近的人才会长时间待在一起。

　　而且，交际圈对一个人的影响真的很大。比如，一个小混混，本来可能还有点善良，但在不好的环境里待久了，就很容易变坏，失去原来的好品质。

交际圈的形成需要时间，不适合的人，慢慢就会分开。而且，大家在一个圈子里，都是有需求的，都是相互连接的。

所以，通过交际圈看人，真的很准。如果一个人经常和善良、有文化、有涵养的人在一起，那他很可能也是个阳光积极、善良有品位的人。反过来，如果一个人总和阴险狡诈的小人在一起，那他也很容易变成那样的人；如果总和爱拍马屁的人在一起，那他很可能也是爱慕虚荣的。

了解家庭环境：判断对方心理是否健康

在识人过程中，了解对方的家庭环境是至关重要的。家庭环境包括家庭成员之间的关系、家庭氛围、父母的教育方式、家庭的经济状况及文化背景等多个方面。这些因素共同作用于个人的成长过程，对其价值观的形成、行为模式的塑造、自尊心与自信心的培养产生深远影响。

1. 价值观的形成

家庭是个人价值观的首要来源。父母或监护人的道德观念、信仰、对善恶的看法等，都会在潜移默化中传递给个人，成为其日后行为决策的指南。家庭所秉持的价值观，往往会在其成员身上得到体现和延续，形成独特的家庭文化。

小李生活在一个书香世家，祖父是沉浸于传统文化的语文教师，父亲是热衷科学教育的物理老师，母亲则在社区图书馆推广阅读。这个家庭以独特的方式浇筑小李的价值观：每周日的"家庭讲坛"上，祖父用《论语》故事诠释"仁爱"，父亲则通过爱因斯坦的探索经历传递"求真"精神。这些生活碎片逐渐拼合成小李"仁爱为基、真理为尺"的价值底色。

这种教育模式既非单纯说教，也非放任自流，而是通过生活场景的"价值编码"，让个体在耳濡目染中完成对仁爱、求真、责任等理念的认同。尤其值得注意的是，家庭将职业特性转化为教育资源，使价值观传递兼具专业性与生活化，最终培育出既恪守"修身敬人"传统，又兼具理性思辨能力的复合型价值体系，印证了家庭作为"人格第一课堂"的深远影响力。

2. 行为模式的塑造

家庭环境对个人的行为模式有着决定性的影响。在家庭中，个人可以学习如何与他人相处、如何表达自己的情感、如何解决问题等社交技能。一个和谐、积极向上的家庭环境有助于个人形成积极、健康的行为模式，如尊重他人、善于合作、勇于承担责任等。相反，一个充满冲突、冷漠的家庭环境则可能导致个人形成消极、攻击性的行为模式，如逃避责任、缺乏同情心等。

小峰的父母经营着一家小餐馆，每天在油烟与账单中打转。父亲总埋怨母亲算错账，母亲则摔着锅铲吼"有本事你来管"。打烊后，父亲瘫在沙发上喝啤酒看电视，母亲把零钱罐摔得砰砰响。有次邻居投诉餐馆噪音大，小峰学着父亲的样子冲对方喊"嫌吵别住这儿"，却被父亲一巴掌扇到墙角："轮不到你出头！"第二天在学校，同桌借橡皮不及时还，小峰抄起铁文具盒砸过去。老师找家长时，母亲边擦围裙边嘟囔："男孩子皮实点好，总比窝囊强。"

小峰的家庭像台漏油的机器，每个零件都在错误咬合。父母用互相指责代替沟通，用暴力压制代替疏导，这让小峰既模仿了父亲的攻击性，又继承了母亲的消极对抗。当他挥文具盒时，复刻的是父亲抢啤酒瓶的姿态。家庭没有给他"好好说话"的范本，只教会他用更响的声音盖过问题，用更硬的拳头掩饰无助。这种环境中长出的行为模式，如同餐馆后厨那把卷刃的菜刀——看似锋利，实则割伤的全是握刀的人。

3. 自尊心与自信心的培养

家庭对个人的自尊心和自信心产生重要影响。一个充满爱的家庭环境能够让个人感受到自己的价值和能力，从而建立起积极的自我形象。这种积极的自我形象会促使个人更加自信地面对生活中的挑战和困难，有助于其个人成长和发展。而如果家庭成员相互否定、批评则可能让个人产生自卑感和挫败感，导致其在面对困难时缺乏勇气和信心。

小雨从小喜欢画画，但每次她兴冲冲地把作品拿给父母看时，得到的总是"画这些有什么用，考试能加分吗？"的冷水。父亲常挂在嘴边的是"你看隔壁小丽，成绩多好"，母亲则叹气"咱家条件一般，你别想那些没用的"。一次美术比赛，小雨偷偷报了名，拿了三等奖。她满心欢喜地回家，却被父亲训斥"浪费时间"，母亲也补刀"三等奖有什么好得意的"。渐渐地，小雨不再主动展示画作，课堂上被老师点名回答问题也总是低着头，声音小得像蚊子哼。她开始觉得自己什么都做不好，连最喜欢的画笔也收进了抽屉最深处。

当"别人家的孩子"成为标杆，小雨的每一次尝试都被贴上"不够好"的标签，她的自信心就像漏气的气球，一点点瘪下去。家庭本该是培育自尊的沃土，却成了冻结自信的冰窖。小雨收起画笔的那一刻，收起的不仅是爱好，更是对自我价值的肯定。父母对她的怀疑会像影子一样跟随她，让她在面对任何挑战时都先想到"我不行"，而不是"我可以试试"。

了解教育与工作经历：判断对方是否有发展潜力

需要明确的是，在识人过程中，关注一个人的教育与工作经历并非无的放矢，这种考量并非招聘面试官的专属，这背后蕴含着对个人条件的充分考量。

1. 教育背景

教育不仅传授了专业知识与技能，更重要的是，它塑造了人的思维方式与价值观。通过系统的学习，个体得以构建对世界的基本认知框架，确立个人的道德标准与价值判断。

教育过程中的师生互动、校园文化及实践活动，均是培养积极向上、勤奋好学、勇于探索等品格特质的关键因素。这些特质如同个人成长的基石，为其未来面对挑战、追求成功提供了坚实的内在支撑。

小林从小在乡村长大，教育资源有限，但他遇到了改变命运的"引路人"——高中语文老师张老师。张老师不仅教课本知识，还自费购买大量课外书籍，在班级设立"读书角"，鼓励学生思考与表达。他常对学生们说："知识不是用来应付考试的，而是用来打开眼界的。"在张老师的影响下，小林养成了每天阅读的习惯，并开始尝试写作。高三时，他参加了全国作文大赛，虽然只获得了优秀奖，但张老师却把他的文章贴在教室墙上，写道："思想的深度比奖项更重要。"

大学期间，小林选择了新闻专业。他积极参与校园媒体，从最初写稿被退回，到后来成为校报主编，这段经历让他学会了如何用文字传递真相与温度。毕业后，他进入一家地方报社工作。面对新媒体冲击，他没有固守传统模式，而是主动学习数据分析与可视化技术，将枯燥的民生新闻转化为生动的图表故事。五年后，他成为报社最年轻的部门主任，带领团队多次获得行业奖项。

小林的成长轨迹印证了教育对个人发展的深远影响。这些经历共同塑造了他的思维方式与职业素养，使他在面对行业变革时，能够主动学习、创新求变。教育的意义不仅在于知识的积累，更在于培养持续学习的能力与适应变化的勇气，这正是小林能够脱颖而出的关键。

2. 工作经历

在职场中，个体需应对各种复杂情境与挑战，这些经历直接考验着其职业素养、沟通协作及问题解决能力。通过不断地尝试、犯错与反思，个体逐步学会有效沟通、保持冷静、追求卓越。工作经历中的这些实践积累，不仅深化了个人的品格塑造，使其更加成熟稳重、自信满满，同时也帮助个体明确职业目标与人生追求，进一步激发内在潜能与创造力。

小陈毕业后进入一家互联网公司做产品助理。起初，他对产品设计一窍不通，开会时连专业术语都听不懂，只能默默记笔记。一次项目讨论中，他鼓起勇气提出一个优化用户界面的想法，却被同事嘲笑"外行指导内行"。但他没有气馁，而是利用下班时间自学设计软件，研究竞品案例，甚至跑到用户群体中做调研。三个月后，他提交了一份详细的改进方案，不仅解决了用户反馈的核心问题，还提出了创新的交互设计。这次成功让他赢得了团队的信任，也让他意识到"用户视角"的重要性。

两年后，小陈升任产品经理，负责一个新项目的开发。项目初期，技术团队与设计团队因理念不合争执不下，进度严重滞后。小陈没有急于站队，而是组织了一次"换位思考"活动，让技术人员体验用户操作，让设计师了解技术限制。通过这种方式，双方逐渐理解了彼此的难处，最终达成共识。项目上线后，用户反馈极佳，成为公司的明星产品。这段经历让小陈明白，解决问题不仅需要专业能力，更需要沟通智慧与团队协作精神。

小陈的职场成长展现了工作经历对个人能力的全方位锤炼。从最初的"门外汉"到独当一面的产品经理，他通过不断学习与实践，将挫折转化为动力，将挑战视为机遇。职场如同一所没有围墙的学校，每一次挑战都是一堂课，每一次反思都是一次成长。小陈的故事证明，工作经历不仅是职业发展的阶梯，更是人格完善与潜能激发的催化剂。

02

从三观到人品的考验：价值观、情感共鸣与相互尊重

在当今社会，我们不难发现，人与人之间的关系常常因为"三观不合"而逐渐疏远。这种现象在朋友圈、同事圈甚至亲戚圈中都普遍存在。人们开始意识到，人与人之间的最大差距，往往不在于财富的多寡或地位的高低，而在于观念的差异。

财富和地位是可以量化的，它们有明确的衡量标准。然而，观念却是一种内在的精神状态，它难以被准确地衡量和比较。正是这种难以量化的差异，导致了人们在交流时常常感到"鸡同鸭讲"，无法真正理解对方的想法和感受。

"识于五官，止于三观"的说法，正是因为人们在交往过程中，逐渐发现彼此在世界观、人生观和价值观上的差异。这些差异使得人们在面对同一问题时，会有截然不同的看法和态度。当这些差异达到一定程度时，人们就会感到难以沟通和理解，从而选择保持距离。

看价值观是否相符：判断对方适不适合你

人与人之间的交往，特别是男女之间的深入相处，价值观是否匹配非常关键。价值观就是一个人怎么看待事情和怎么做事的原则。要是两个人价值观差异过大，相处起来就容易有矛盾和冲突。

比如说，一个人特别喜欢追求物质享受，追求奢华生活，而另一个人则更看重精神层面的东西，偏好简朴生活，那他们在花钱买东西这方面就会有分歧。再比如，一个人对家庭、工作、友情这些事情的看法和期望跟另一个人不一样，那感情再深，关系也可能长久不了。

如何判断两人的价值观是否一致呢？这需要在平时交流和相处中慢慢去感受。你可以注意观察对方说话做事的方式，看看他对生活的态度、对世界的看法及对未来的打算。如果你们在这些方面的想法相近，那就说明你们的价值观比较匹配。不过，这需要时间和耐心，不能一下子就下结论。

在交友和恋爱过程中，又如何找到与对方相契合的价值观呢？

你可以试着问些关于人生、道德、社会的重要话题，同时分享自己的经历和感受，鼓励对方也表达自己的看法。这样既能了解对方的三观，又能让你们更亲近、更信任彼此。

聊天时，多用些开放性问题，比如"你认为什么是生活中最重要的？"或者"你如何看待工作与生活的平衡？"，这些问题能让对方多表达自己的想法，你就能更好地了解他们的价值观了。另外，多观察对方的行为和态度，比如他们是否尊重人、是否有责任心、是否讲信用，这些都能看出一个人的价值观和人生观。

除了通过交谈之外，你们还可以聊聊共同的兴趣爱好，看看在这些方面你们的想法和期望是否一致。有共同的兴趣爱好，你们的关系会更紧密，以后相处也有更多话题。

小张和小李是大学同学，毕业后在同一座城市工作，逐渐发展成恋人。小张从小家境优渥，喜欢追求精致生活，周末常去高档餐厅"打卡"，买衣服也偏爱名牌。小李则来自普通家庭，习惯节俭，觉得"够用就好"，更喜欢在家做饭或去平价小店。起初，两人觉得这些差异无伤大雅，小张觉得小李"会过日子"，小李则欣赏小张的"生活品位"。

然而，随着关系深入，矛盾逐渐显现。一次，小张看中一款限量版包包，价格不菲，她兴奋地跟小李分享，小李却皱眉说："这包能装的东西和普通包一样，何必花这么多钱？"小张觉得小李"不懂生活情趣"，小李则认为小张"虚荣浪费"。类似的分歧越来越多：小张想每年出国旅行，小李觉得国内游就挺好；小张希望婚后请保姆做家务，小李则认为自己动手更踏实。

一次，小张提议买一套高档小区的房子，首付需要双方父母支持。小李坚决反对，认为"买房量力而行，没必要为了面子背上沉重贷款"。这次争吵让两人意识到，他们的价值观存在根本差异：小张追求"精致生活"，注重外在品质与社会认同；小李则崇尚"简单务实"，看重内在满足与长远规划。最终，两人选择和平分手，因为他们明白，价值观的差异不是靠妥协就能弥合的。

小张和小李的故事揭示了价值观在长期关系中的决定性作用。起初，他们被彼此的外在吸引，认为生活习惯的差异可以通过包容解决。然而，随着关系深入，他们在消费观、生活目标、未来规划等核心问题上的分歧逐渐暴露。这些分歧并非表面上的"喜好不同"，而是源于对生活本质的不同理解：一个追求外在的精致与认同，一个注重内在的踏实与自由。

价值观的差异往往在重大决策时显现，比如买房、育儿、职业选择等。这些决策不仅关乎个人偏好，更反映了对生活意义的不同定义。小张和小李的分手并非因为"不爱"，而是因为他们意识到，价值观的差异会像一条隐形的裂缝，随着时间推移逐渐扩大，最终影响关系的稳定性。

这个案例也提醒我们，判断价值观是否契合需要时间和深度交流。不能仅凭初期的好感或表面的一致性就下定论，而要在共同经历中观察对方的行为模式、决策逻辑及对重大问题的态度。只有价值观相近的两个人，才能在生活的风浪中携手同行，走得更远。

看情感是否能共鸣：
判断你们的关系能否更进一步

情感共鸣，简单说就是两个人在心情和感受上能够互相懂对方，能体会到对方的快乐、难过这些情绪，这是一种心灵上的交流。在男女交往中，情感共鸣是让两人感情变得深厚的基础。要是两个人在情感上没法互相理解，就算他们的想法再接近，也很难真正亲近起来。

要建立情感共鸣，两个人都得真心实意，并且心思细腻。真心实意，就是愿意打开自己的心，跟对方分享自己的感觉和想法；心思细腻，就是能注意到对方心情的变化，及时给出关心和帮助。当两个人都能在对方那里找到情感的依靠，他们的关系就会更加牢固。

与异性交往中，我们要尽可能选择与我们想法接近、能够互相理解的人。想法接近可以让两人在重要的事情上想法一致，减少因为想法不同带来的矛盾；而情感上的互相理解则能拉近彼此的距离，让这段关系更加亲密。

小周和小王是通过朋友介绍认识的，两人都喜欢旅行和摄影，初次见面就聊得很投机。小周性格开朗，喜欢分享生活中的趣事，而小王则比较内敛，习惯把情绪藏在心里。刚开始，两人相处得很愉快，小周觉得小王"稳重可靠"，小王则欣赏小周的"活泼有趣"。

一次，小周因为工作失误被领导批评，心情低落。她打电话给小王，想倾诉一下，但小王只是淡淡地说："工作上的事别太在意，下次注意就行。"小周觉得小王"不够体贴"，心里有些失望。几天后，小王因为家里的事心情烦闷，但他没有主动告诉小周，只是表现得比平时更沉默。小周察觉到他的异样，试着问他怎么了，小王却摇摇头说"没事"。小周觉得两人之间似乎隔着一层看不见的墙，无法真正走进对方的内心。

后来，小周尝试和小王沟通，希望他能多分享自己的感受，但小王却说："我不习惯把情绪说出来，觉得没必要。"小周渐渐感到疲惫，她发现自己无法在小王那里找到情感上的依靠，而小王也觉得小周的"过度热情"让他有些压力。最终，两人意识到，尽管他们有很多共同爱好，但在情感上却无法真正共鸣，于是选择了分开。

小周和小王的故事展现了情感共鸣在关系中的重要性。尽管他们在兴趣爱好上很契合，但在情感表达和理解上却存在明显差异：小周希望分享情绪，寻求情感支持，而小王则习惯隐藏情绪，回避深度交流。这种差异导致两人在情感上无法真正连接，即使表面上相处融洽，内心却始终有一道难以跨越的鸿沟。

情感共鸣需要双方都愿意敞开心扉，既要有表达的勇气，也要有倾听的耐心。小周的主动尝试没有得到小王的回应，而小王的沉默也让小周感到无力。这种情感上的"错位"最终让他们的关系难以为继。

看他是否尊重女性：
判断对方人品如何

在感情的世界里，尊重是维系两个人关系的基石，它既是爱的体现，也是长久相处的保障。很多时候，人们误以为只要付出得多，就能赢得对方的心；但实际上，如果缺乏尊重，这样的付出往往只是徒劳。真正爱你的人，会从心底里尊重你、理解你、支持你，这样的男人才是值得托付终身的伴侣。

1. 看他的言辞和行为是否尊重你

一个男人是否尊重你，最直观的体现就在他的言辞和行为上。尊重不是简单的甜言蜜语，而是实实在在的态度和表现。一个尊重你的男人，在和你交流时，会给予你充分的关注。他不会随意打断你的话，更不会无视你的感受，而是会认真倾听你的想法，尊重你的意见。

比如，当你分享自己的见解或经历时，他会全神贯注地听，不时给予回应和反馈，而不是一边听一边做其他事情或心不在焉。当你提出不同的观点时，他不会急于反驳，而是会先理解你的想法，再平和地表达自己的看法。这样的交流方式，不仅能增进彼此的了解，还能在无形中加深感情的深度。

相反，一个不尊重你的男人，往往会表现出一种高高在上的姿态。他可能会经常打断你的话，对你的想法不屑一顾，甚至公然嘲笑或贬低你。这样的行为，不仅是对你的不尊重，更是对感情的不负责任。和这样的男人在一起，你会感到压抑和委屈，很难有幸福可言。

有位朋友曾跟我分享过她的经历。

她和男朋友坐高铁回家时，因为手机没电，就找旁边的女生借了充电宝，并顺势聊了起来。她发现这个女生是同校的校友，而且两人特别投机，就一直聊了下去。然而，男朋友发现后一直不高兴，觉得她太相信陌生人了。下了高铁后，她继续和这个女生手挽着手聊天，正准备加女生微信时，男朋友当众对她大喊："你还回不回家了?!"后来上了车，男朋友还一直骂她不懂事，太随便相信别人，容易被骗。她当时一直不说话，直到下车后才反驳了男朋友，但男朋友竟然回怼说："不舒服个啥，你本来就是笨。"这样的态度，显然是对她的不尊重。他的语气恶狠狠的，没有一丝开玩笑的意思。

这次经历让女孩对男朋友有了新的认识。她回想起之前去男朋友家时，看到男朋友的父亲对母亲也是这种不尊重的态度，当时她只是觉得奇怪，现在却恍然大悟——原来男朋友的行为是受到了家庭的影响。

女孩开始意识到，男朋友对她的不尊重不仅仅是一次偶然的事件，而是他性格中深层次的问题。她不想成为男朋友母亲那样的受害者，更不想在未来的生活中一直忍受这样的不尊重。于是，女孩开始重新考虑她和男朋友的关系……

2. 看他是否愿意倾听你的想法

倾听，是尊重的另一种表现。一个真心尊重你的男人，会愿意倾听你的想法和意见。他不仅仅是在听你说话，更是在理解你的内心世界。他会关注你的感受，尊重你的选择，并尽力满足你的需求。

当你遇到困难或烦恼时，他会耐心地听你倾诉，给你安慰和支持。当你取得成就时，他会分享你的喜悦，并给予真诚的赞美和鼓励。这样的男人，是你生活中的良师益友，也是你情感上的坚强后盾。

然而，一个不尊重你的男人，往往对你的想法不屑一顾。他可能会觉得你的想法幼稚或可笑，甚至不愿意花时间去倾听。这样的态度，不仅会让你感到失望和沮丧，还会让你们之间的距离越来越远。

小美和阿杰是一对情侣，小美性格外向，喜欢表达自己的想法，而阿杰则是个行动派，话不多但做事干脆。起初，小美觉得阿杰的沉默很酷，但时间久了，她发现两人之间的沟通越来越少。

一次，小美在工作中遇到了瓶颈，心情很低落。她回到家，想和阿杰聊聊，但阿杰一边刷手机一边敷衍地"嗯"了几声，完全没有注意到小美的情绪。小美忍不住问："你有没有在听我说话？"阿杰抬起头，不耐烦地说："工作上的事你自己解决就好了，跟我说有什么用？"小美顿时感到一阵失落，默默回了房间。

几天后，小美因为一个项目成功得到了领导的表扬，她兴奋地跟阿杰分享这个好消息。阿杰却只是淡淡地回了一句："哦，挺好的。"小美期待的眼神瞬间黯淡下来，她忍不住问："你就不能多夸我几句吗？"阿杰皱了皱眉道："这点小事有什么好激动的？"

渐渐地，小美不再主动和阿杰分享自己的心情和想法。她发现，阿杰似乎对她的世界毫无兴趣，只关心自己的事情。一次朋友聚会上，小美提到自己最近在学插花，朋友们都好奇地问这问那，阿杰却在一旁打断道："学那些没用的东西干吗？不如多赚点钱实在。"这句话让小美彻底心寒，她意识到，阿杰从未真正尊重过她的兴趣和想法。

小美和阿杰的故事揭示了倾听在关系中的重要性。阿杰的冷漠和不耐烦让小美感到被忽视和贬低，而他的敷衍态度更是让两人的情感距离越来越远。倾听不仅仅是听对方说话，更是对对方内心世界的关注和尊重。一个愿意倾听的人，会让对方感到被重视和理解，从而建立更深的情感连接。

阿杰的问题在于，他忽视了小美的情感需求，甚至对她的兴趣和成就嗤之以鼻。这种态度不仅伤害了小美的自尊心，也让两人的关系失去了温度。真正的尊重，体现在对对方想法和感受的重视上，而不是以自己的标准去评判对方的价值。

3. 看他是否尊重你的边界

边界感，是人际关系中重要的一环。每个人都有自己的私人空间和界限，而一个尊重你的男人，会懂得尊重你的边界。他明白，即使是最亲密的关系，也需要保持一定的距离。

他会尊重你的生活方式和选择，不会强加干涉或试图改变你。当你需要独处或处理私事时，他会给予你足够的空间和时间。当你明确表达不愿意做某事时，他会尊重你的决定，而不是强迫你。

相反，一个不尊重你的男人，往往会无视你的边界。他可能会随意翻看你的手机或电脑，对你的私人生活指手画脚。他可能会强迫你做不愿意做的事情，甚至在你明确拒绝后仍然纠缠不休。这样的行为，不仅是对你的不尊重，更是对你的伤害。

在感情中，女人要学会保护自己，遇到不尊重自己的男人，要及时止损。要知道，你的幸福也很重要，不要为了一个不尊重你的男人放弃自己的尊严和幸福。

小琳和阿强交往半年，起初阿强对小琳百般呵护，但渐渐地，小琳发现阿强的控制欲越来越强。一次，小琳和朋友聚餐，阿强不停地打电话问她"和谁在一起""什么时候回家"，甚至要求她拍照片"证明"。小琳感到不适，但为了不让阿强生气，她还是照做了。

几天后，小琳发现阿强偷偷翻看了她的手机聊天记录。她质问阿强，阿强却理直气壮地说："我是你男朋友，看看怎么了？你是不是有什么见不得人的事？"小琳试图解释这是她的隐私，阿强却冷笑道："谈恋爱还要什么隐私？你心里没鬼就别怕我看。"

更让小琳难以接受的是，阿强开始干涉她的生活细节。他不喜欢小琳穿短裙，就要求她把衣柜里的短裙都扔掉；他不喜欢小琳和男性朋友联系，就逼她删掉所有男性朋友的联系方式。一次，小琳加班到很晚，阿强直接冲到她的公司，当着同事的面质问她"是不是在骗他"。小琳感到无比尴尬和压抑，但她又害怕阿强的脾气，只能一次次妥协。

直到有一天，小琳的母亲生病住院，她请假回家照顾。阿强却认为她是在找借口疏远他，连续打了十几个电话要求她"必须回来"。小琳终于忍无可忍，哭着对阿强说："你能不能尊重一下我的感受？我需要空间，也需要照顾我的家人！"阿强却冷冷地说："你要是真的爱我，就应该以我为重。"这句话让小琳彻底清醒，她意识到，阿强从未尊重过她的边界和感受。最终，她选择了分手。

小琳和阿强的故事展现了边界感在关系中的重要性。阿强的行为——翻手机、干涉穿着、强迫删除联系人、无理取闹——都是对边界的严重侵犯。他以"爱"为名，行控制之实，完全忽视了小琳的独立性和情感需求。

边界感是健康关系的基础，它意味着尊重对方的私人空间、生活方式和选择。一个真正尊重你的人，不会试图控制你，而是会支持你成为更好的自己。阿强的行为不仅让小琳感到窒息，也让这段关系失去了平等和信任。

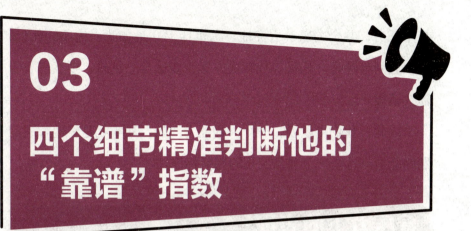

03
四个细节精准判断他的"靠谱"指数

在日常生活中，我们经常会遇到各种麻烦和挑战，就像是一地鸡毛，让人头疼不已。这时，有的人可能会急得团团转，不知所措；而有的人则能够保持冷静，从容应对。这种差异，其实就是一个人能力的体现。

那些真正厉害的人，不仅能够在顺境中保持谦逊和低调，更能够在逆境中挺起脊梁，扛住压力。他们就像下棋的高手，既能掌控全局，又能冷静地分析形势，做出正确的决策。这种人在生活中往往能够稳住心态，不轻易被外界干扰，这才是真正的强者风范。

那么，我们如何判断一个人是否靠谱呢？最简单直接的就是看他解决问题的能力如何。在职场上，那些总是能够"终结问题"的人，往往更容易得到晋升和加薪的机会。因为他们敢于接受挑战，不畏惧困难。当领导分配任务时，他们不会推三阻四，而是自信地接下任务，并全力以赴去完成。考量伴侣亦是如此，优质的伴侣，应该遇到难题时会积极寻找解决方案，要么自己钻研，要么虚心向他人请教。

因此，我们可以说，一个人的能力高低，其实就是看他解决问题的能力。这是一个非常实用的判断标准。

看压力下的表现：
判断对方是不是上进者

为了观察对方在压力下的真实反应，有时会需要巧妙地构建一些冲突和压力场景。人在面对这些场景时的反应，往往能揭示他们更深层次的性格特征。尽管我们在成长过程中学会了许多社交技巧来掩饰真实的自我，但在某些特定情境下，人们还是会不自觉地卸下伪装。

1. 了解制造压力的三种方法

①质疑对方引以为傲的事情

在日常交往中，如果想探测对方的真实反应，一个较为合适的方法是质疑他们非常自豪的事情。这并不意味着要恶意攻击或贬低对方，而是以一种建设性和探讨性的方式提出疑问。比如，如果对方经常提及自己在职场上的某项成就，你可以询问："当时的情况确实很复杂，你是如何确保每个细节都不出错的呢？"这样的问题既展现了你的兴趣，又能在一定程度上制造压力，观察对方的应对方式。

②设定时间限制或紧迫任务

另一种方法是给对方设定一个时间紧迫的任务，比如在一次讨论中，突然提出："我们需要在十分钟内整理出下一步的行动计划。"这样的情境会让对方感受到一定的压力，从而可能展现出更真实的性格特征。观察他们在时间压力下是否能保持冷静、如何分配任务及他们的沟通方式等，都能提供有价值的信息。

③改变交流环境或氛围

改变交流的环境或氛围也是一种有效的策略。比如，原本是在一个轻松愉快的咖啡馆聊天，你可以突然提议："要不我们去找个安静的地方，详细讨论一下那个问题？"这种突如其来的变化可能会让对方感到不适，从而激发出更真实的反应。需要注意的是，这种变化应该是合理的，并且不会让对方感到被冒犯或威胁。

2. 压力情境下的三类反应

根据社会心理学家凯伦·霍尼的理论，人在感受到威胁时会有三种基本反应：恭顺、对抗和逃避。

恭顺：表现为顺从和迎合，比如面对质疑时，对方可能会说："你说得有道理，我确实还需要改进。"

对抗：表现为捍卫自己，甚至产生攻击性，比如提高音量、加快语速等。

逃避：表现为沉默或目光游移，不愿直接回应问题。

通过观察这些反应，我们可以进一步了解对方的性格特质，如情绪稳定性、边界感、亲和需要及权力需要等。同时，也可以根据反应的程度来判断对方在高压状态下的适应能力。

看问题解决策略：评估对方办事效率

在日常生活和工作中，我们总会遇到各种各样的问题，而解决问题的能力是衡量一个人综合素质的重要指标之一。当我们想要分析一个人解决问题的方法与效率时，可以从以下几个方面入手：

1. 问题识别与定义

首先，观察这个人是否能准确识别问题，并清晰地定义问题的本质和范围。一个优秀的问题解决者通常能够迅速抓住问题的核心，避免被表面现象或次要细节迷惑。

比如，家里水管漏了，情况十分紧急。这时候，一个理智又厉害的男性，他不会惊慌，而是冷静下来寻找问题，到底是水管老化开裂了，还是接头处松了。看清楚了，他心里就有数，是自己动手就能搞定的小毛病，还是得换整根水管的大活儿。

然后，他就开始行动了。能自己修的，他就赶紧找工具开干；搞不定的，他就赶紧打个电话，找个"靠谱"的维修师傅来。整个过程，他都是不慌不忙，慢条斯理，不会因为着急忙慌就把事儿给办砸了。

但是，要是换个没头绪的男性，那可就不一样了。他一看水溅得到处都是，就先忙着找盆找桶接水，却忘了最关键的是要先把漏水给止住。或者，他就开始纠结，到底是买哪个牌子的水管好，哪个维修师傅便宜，这么一来二去的，时间就耽误了，问题还没解决，说不定还因为拖得太久，把家里其他地方也给淹了，那可真是让人哭笑不得。

2. 策略制定与规划

接下来，看这个人在解决问题时是否有明确的策略和规划。他是否会根据问题的性质和目标，选择合适的解决方法和步骤？是否能够合理安排时间和资源，以确保问题解决的效率和效果？

比如，家里大扫除，面对一片狼藉，有条理的男性不会急着"哪儿乱扫哪儿"。他会先来个"战略部署"：衣物归位、家具擦亮、地板窗户最后打扫。这样就不会反复折腾，效率高多了。时间也安排得妥妥当当，上午将卧室客厅整理得焕然一新，下午重点攻克厨房、卫生间，保证每个角落都闪闪发光。

他可能还挺会"算计"，提前备好清洁"神器"，扫帚拖把、清洁剂一个不落，免得中途手忙脚乱。说不定还会"祭出"扫地机器人这类高科技，自己就能优哉游哉地处理其他细活。

可要是碰上没头绪的男性，那就热闹了。东一榔头西一棒槌，半天下来，房间还是"半成品"。要不就是一头扎进去，周末两天全在跟灰尘战斗，到头来还抱怨："我咋这么忙呢？"

3. 信息收集与分析

问题解决过程中，信息的收集与分析至关重要。观察这个人是否善于从多个渠道获取相关信息，并对信息进行有效的整理和分析。他是否能够筛选出有价值的信息，排除无关或误导性的内容？

举个例子，家里车坏了，得修。这时候，有条理的男性不会急着乱动扳手，而是先"动动脑筋"。他会四处打听，上网查查这车的问题可能出在哪儿，维修论坛、官方说明，甚至是车友群里的经验分享，一个都不放过。他还会翻翻车辆手册，看看有没有什么官方建议。

收集到一堆信息后，他不会被搞得晕头转向，而是会坐下来，一条一条地梳理。哪些信息是相关的，哪些可能是误导的，比如有人说换个零件就行，但手册上说这零件其实不用换，那他就会多留个心眼，再去查证一下。

最后，他筛选出最有价值的信息，比如真正的问题所在和几种可行的解决方案，还会考虑一下成本和时间。这样，修车的时候就心里有底，不会被修理工随便忽悠，也不会因为信息不全而走了弯路。

反之，如果男性不擅长信息收集和分析，可能就会直接听信第一个遇到的说法，或者凭感觉乱修一气，结果可能钱花了不少，问题却没解决。

4. 问题解决的效果与效率

最后，评估问题解决的效果和效率。看这个人是否能够在规定的时间内解决问题，并达到预期的目标？他解决问题的方法是否简洁明了，能够节省时间和资源？问题解决后，是否还有遗留问题或潜在风险？

比如说，家里冰箱不制冷了，得赶紧修好。一个"靠谱"的男性会迅速行动起来。先是根据之前收集的信息，一一排查可能的原因，不拖泥带水。发现是制冷剂漏了，他二话不说，联系专业师傅，很快就安排好了上门维修的时间。

维修过程中，他也盯着进度，确保师傅按规矩办事，没偷懒也没乱收费。不一会儿，冰箱就恢复了制冷，温度调得刚刚好，问题解决得又快又好。

修完之后，他还不忘再检查一遍，确认没有其他小毛病藏着掖着，免得以后闹出啥幺蛾子。整个过程中，他用的方法直接有效，既没浪费时间，也没多花冤枉钱。

可要是换个不"靠谱"的男性，那可能就得折腾了。他可能先自己瞎琢磨，拆这拆那的，搞半天也没找出问题。最后没办法，还是得叫师傅，结果因为耽误了时间，师傅可能得加收急修费。修的时候，师傅可能也不上心，随便糊弄一下就完事了，结果没多久冰箱又坏了，还得再修。

通过以上几个方面的观察和分析，我们可以对一个人解决问题的方法与效率有一个全面的了解。同时，我们也可以根据这些观察结果，为自己或他人提供有针对性的建议和改进措施。

值得注意的是，每个人在问题解决的过程中都有自己的风格和偏好。有些人可能更注重逻辑分析和推理，而有些人则更擅长直觉和创造性思维。因此，在分析一个人解决问题的方法与效率时，我们也要尊重并欣赏这种多样性。

看实践能力和是否信守承诺：判断对方是不是只会空谈

评估一个人的实践能力和是否信守承诺，其实并不复杂，关键在于观察他们的日常行为和态度。换言之，评估对方的实践能力及他们是否信守承诺，其实就是考量对方是否言行一致的延续。

1. 行动力

行动力强的人，往往能够迅速将想法转化为实际行动。比如，他们计划做一件事时，会马上着手准备，而不是拖延或只是说说而已。这种即刻启程、勇往直前的精神，是他们实践能力的重要体现。

小杨和小林是同事，两人同时被分配到一个新项目的策划任务。小杨接到任务后，立刻开始查阅资料、整理思路，当天就列出了一个初步的计划框架。他主动联系相关部门，协调资源，并在第二天组织了一次头脑风暴会议，迅速推进项目进展。即使遇到困难，比如预算不足或时间紧张，他也会积极寻找解决方案，如调整方案细节或重新分配任务优先级。

而小林则截然相反。他接到任务后，先是抱怨工作量太大，然后开始拖延，总是说"再等等""我再想想"。一周过去了，他的方案还停留在"构思阶段"。当领导询问进度时，他找各种借口搪塞，比如"资料还没收集全""思路不够清晰"。最终，项目的主要工作都落在了小杨身上，而小林则因为拖延和行动力差，被领导批评。

小杨和小林的对比清晰地展现了行动力的重要性。小杨的行动力体现在他的快速反应和高效执行上：他不仅迅速制订计划，还主动协调资源、解决问题，展现了极强的实践能力。而小林则因为拖延和缺乏执行力，不仅耽误了工作进度，还影响了团队的整体效率。

行动力强的人，往往具备目标明确、计划清晰、执行果断的特点。他们不会停留在空谈阶段，而是会立即付诸行动，并在过程中不断调整和优化。这种能力不仅体现在工作中，也体现在生活的方方面面，比如学习新技能、完成个人目标等。

2. 执行力

观察对方的执行力。执行力好的人，能够持之以恒地推进任务，直到目标达成。对方不仅会做计划，还会将计划细化成具体的行动步骤，并一步步落实。这种精益求精、扎实落地的态度，确保了他的行动能够取得实际效果。

小刘和小赵是同一家公司的销售员，两人都接到了季度销售目标。小刘接到任务后，立刻制订了一个详细的计划：他将目标分解到每周，甚至每天，并列出具体的客户名单和拜访顺序。每天早晨，他都会提前到公司，整理好资料后准时出门拜访客户。即使遇到客户拒绝或临时改期，他也会迅速调整计划，确保每天的任务量不落空。到了月底，他不仅完成了目标，还超额完成了20%。

而小赵则显得随意许多。他也有一个"计划"，但只是粗略地写了几条"多拜访客户""提高沟通技巧"之类的空话。执行过程中，他常常因为天气不好或心情不佳而推迟拜访，甚至有时候坐在办公室里刷手机，美其名曰"整理客户资料"。到了月底，他的业绩只完成了目标的一半，还找借口说"市场环境不好""客户预算有限"。

小刘和小赵的对比清晰地展现了执行力的重要性。小刘的执行力体现在他的计划性和持续性上：他将大目标分解为小步骤，并严格按照计划执行，即使遇到困难也能及时调整。这种扎实落地的态度，让他不仅达成了目标，还超出了预期。

而小赵的问题在于，他的计划过于空泛，缺乏具体的行动步骤，执行过程中也缺乏坚持和调整的能力。他的随意和拖延，最终导致目标未能达成。

执行力强的人，不仅会制订计划，还会将计划细化成可操作的步骤，并在执行过程中不断优化和调整。他们注重细节，追求实效，能够将想法转化为实实在在的结果。

看责任心与安全感：
判断对方是否足够在乎你

有一首老歌叫《好男人》，虽然年代久远，但它唱出了很多女人的心声，也道出了什么样的男人才是真正有责任感的好男人。歌词里说，"好男人不会让心爱的女人受一点点伤，绝不会像阵风东飘西荡，在温柔里流浪"。这其实是在批评那些风流成性的男人，他们在感情和婚姻上往往缺乏责任心。

而真正的好男人，会让等待的情人不再心慌，让她们能看到幸福的方向。这样的男人在感情上才是可靠的，他们愿意为相爱的人付出，哪怕经历一些困难也在所不惜。这样的男人，女人们应该珍惜。同时，一个责任感强的男性，在日常生活中会展现出一些让人感到安心和可信赖的特征。具体表现如下：

1. 对未来有明确的规划和设想

无论是恋爱初期还是结婚之后，他们都会主动思考并规划未来，比如如何与你的家人相处、何时结婚、如何安排婚房等。即使是一些看似遥远的事情，他们也会提前考虑，以确保将来能够顺利落实。

小陈和小雨恋爱两年，感情一直很稳定。小陈是个细心且有规划的人，他不仅对工作有清晰的职业规划，对两人的未来也早有打算。恋爱半年时，他就主动和小雨聊过未来的生活设想，比如"三年内买房""五年内结婚"等。他还特意去了解了小雨家乡的婚嫁习俗，提前规划了如何与小雨的家人相处。

一次，小雨无意中提到自己喜欢某个小区的环境，小陈默默记在心里。半年后，他带着小雨去看房，原来他一直在关注那个小区的房源，并攒了一笔首付款。小雨感动不已，但小陈却说："这只是开始，我还计划等我们结婚后，再换一套更大的房子，方便以后孩子上学。"小雨觉得，和小陈在一起，未来是清晰可见的，她从未感到过迷茫或不安。

小陈的行为展现了一个有责任感的男人的典型特征：他对未来有明确的规划和设想，并愿意为此付出实际行动。他不仅考虑两人的当下，还提前规划了婚姻、家庭甚至孩子的教育问题。这种未雨绸缪的态度，让小雨感到安心和踏实。

责任感强的男人，不会让伴侣对未来感到迷茫或焦虑。他们会主动思考并规划未来，用实际行动证明自己的承诺。这种规划不仅体现在大事上，也体现在细节中，比如了解对方的家庭习俗、关注对方的生活喜好等。

2. 遇到困难时勇敢面对

无论是家庭中的大事还是工作上的波折，他们都会勇敢地站出来，积极面对并解决问题。

即使有时候事情与他们没有直接关系，他们也会出于负责任的态度去处理，让你感到他们是可以依靠的坚实后盾。

小林的父亲突然生病住院，需要一笔不小的手术费。小林刚工作不久，积蓄有限，一时手足无措。她的男友阿杰得知后，立刻放下手头的工作，陪她赶到医院。阿杰不仅主动联系了自己的医生朋友，帮忙安排手术事宜，还毫不犹豫地拿出了自己的积蓄，填补了手术费的缺口。

手术期间，阿杰每天都陪在小林身边，帮她照顾父亲，甚至学会了基本的护理技能。他还安慰小林："别担心，钱的事我们一起想办法，你爸爸一定会好起来的。"手术后，阿杰又主动承担了部分康复费用，并帮小林父亲申请了医疗保险报销。小林感动地说："如果没有你，我真不知道该怎么办。"阿杰却笑着说："这是我应该做的，你的家人就是我的家人。"

阿杰的行为展现了一个有责任感的男人在困难面前的担当。他不仅没有逃避，反而主动站出来，用实际行动支持小林。无论是经济上的帮助，还是情感上的陪伴，他都做得细致入微，让小林感到自己不是一个人在战斗。

爱你的人不会推卸责任，也不会袖手旁观，而是用实际行动证明自己的可靠。这种担当不仅体现在大事上，也体现在日常生活的细节中，比如主动分担家务、照顾家人等。

3. 做事周全细致

无论是计划一次旅行还是处理日常生活中的琐事，他们都会提前做好准备，确保一切顺利进行。他们会把各种可能的情况都考虑进去，并准备好相应的应对措施，以避免出现意外情况。

小张和女友小丽计划了一次周末短途旅行。出发前，小张不仅提前订好了酒店和车票，还特意查了天气预报，发现周末可能有雨，于是准备了雨具和备用衣物。他还根据小丽的喜好，列了一份美食清单，确保每一餐都能吃到当地特色。

旅途中，小张的表现更是细致入微。他提前下载了离线地图，以防山区信号不好；随身携带了小药箱，里面有感冒药、创可贴等常用医疗用品；甚至还在包里放了一条小毯子，以防小丽在车上觉得冷。小丽感叹道："你真是太细心了，我什么都没操心，就享受了一次完美的旅行。"小张笑着说："这些都是小事，只要你开心就好。"

小张的行为展现了一个有责任感的人在细节上的用心。他不仅提前做好了充分的准备，还考虑到了各种可能的情况，并准备了相应的应对措施。这种周全细致的态度，让小丽感到无比安心和舒适。

无论是大事还是小事，有责任感的人都会考虑周全，确保一切顺利进行。这种细致不仅体现在旅行中，也体现在日常生活的点滴中，比如记住对方的喜好、照顾对方的情绪等。

4. 对待感情认真坚定

他们不会轻易开始一段不现实的恋情，也不会与不合适的人暧昧不清。他们更注重与伴侣之间的实际相处和未来发展，这种理性的态度让你感到他们是值得信赖的伴侣。

小周和小林是通过朋友介绍认识的，两人相处一段时间后，彼此都有好感。但小周并没有急于确定关系，而是认真思考了两人的性格、生活习惯和未来规划是否契合。他主动和小林聊了很多深入的话题，比如对婚姻的看法、对事业的规划、对家庭的责任等。经过几个月的相处和了解，小周才郑重地向小林表白："我觉得我们是合适的人，我想和你一起走得更远。"

在一起后，小周对感情非常专一。他从不与其他异性暧昧，也主动向小林介绍自己的朋友和家人。一次，小林的闺蜜开玩笑地问小周："你这么优秀，会不会有很多女生追你啊？"小周认真地回答："我心里只有小林一个人，其他人再好也与我无关。"小林听后，心里感到无比踏实。

小周的行为展现了一个有责任感的男人在感情中的认真和坚定。他不仅在选择伴侣时理性谨慎，还在确定关系后表现出极高的忠诚度和责任感。他的态度让小林感到被重视和珍惜，也让她对这段感情充满信心。

小林这样的人不会轻易开始一段感情，也不会在感情中摇摆不定。他们会认真对待每一段关系，注重与伴侣的实际相处和未来发展。这种理性的态度，不仅是对自己的负责，也是对伴侣的尊重。

5. 可能显得不够浪漫，但注重实际

由于他们过于注重现实和具体事情的落实，可能会显得有些不够浪漫。但这并不意味着他们不关心你的感受，只是他们更注重在现实中为你创造稳定和舒适的生活环境。

小赵和小李是一对恋人，小赵是个务实的人，平时不太会说甜言蜜语，也很少准备惊喜。一次情人节，小李的朋友们都收到了男友送的鲜花、巧克力或浪漫晚餐，而小赵却带她去了一家新开的家居店，说："咱们的房子快装修好了，我想让你挑些喜欢的家具，这样住起来更舒服。"小李起初有些失望，但当她看到小赵认真记录她的喜好，并细心对比每件家具的性价比时，心里渐渐涌起一股暖意。

还有一次，小李感冒发烧，小赵请了假在家照顾她。他不仅煮了姜汤，还特意去药店买了退烧药和维生素，并按照医生的建议调整了小李的饮食。小李的朋友听说后，羡慕地说："你男朋友真贴心！"小李这才意识到，小赵的"不浪漫"其实是一种更深层次的关怀——他用实际行动为她创造了一个温暖而安稳的生活环境。

小赵的行为展现了一个有责任感的男人在感情中的务实态度。

他可能不够浪漫，不会用华丽的语言或夸张的举动表达爱意，但他会用实际行动为伴侣创造稳定和舒适的生活。这种务实的态度，虽然不如浪漫的举动那样引人注目，却更能让人感受到踏实和安心。

这样的人往往更注重现实问题的解决，而不是形式上的浪漫。他们可能不会在节日送花或写情书，但会在你需要的时候默默付出，为你解决实际问题。这种关怀虽然低调，却更加持久和深刻。

6. 有原则和底线的价值观

他们鄙视那些不负责任、信口开河的人。他们崇尚公平公正、不贪婪、不占小便宜，对待事情有自己的原则和底线。

小刘是一家公司的项目经理，为人正直，做事有原则。一次，公司接了一个大项目，客户提出了一些不合理的要求，并暗示如果小刘能"灵活处理"，就会给他个人一笔丰厚的"感谢费"。小刘毫不犹豫地拒绝了，并明确表示："公司的项目必须按照合同和规范执行，我不能为了个人利益损害公司的信誉。"客户听后很不高兴，甚至威胁要取消合作。小刘的同事劝他："何必这么较真？稍微变通一下，大家都好。"但小刘坚持自己的原则，最终说服客户按照原计划执行项目。

在生活中，小刘也同样坚守底线。一次，他和女友小美去餐厅吃饭，服务员多找了50元。小美觉得这是服务员的失误，没必要退还，但小刘坚持把钱还了回去。他说："占小便宜看似得了好处，其实丢了原则。我不想因为这点钱让自己心里不踏实。"小美起初觉得他太死板，但后来渐渐被他的正直打动，觉得他是一个值得信赖的人。

　　小刘的行为展现了一个有责任感的男人在原则和底线上的坚持。他不仅在工作中坚守职业道德，拒绝不正当的利益诱惑，还在生活中秉持公平公正的态度，不占小便宜。这种有原则的价值观，让他成为一个值得信赖和尊重的人。

　　责任感强的男人，往往有清晰的价值观和底线。他们不会为了短期利益而违背原则，也不会因为外界压力而放弃自己的立场。这种坚持不仅体现了他们的责任感，也展现了他们的品格和格局。

THREE

防"渣"指南：十招快速鉴别"渣男"

01

寻找言行不一的迹象：看清他是否在"画大饼"

有位哲学家曾讲过，人们心里的想法都是真实的，但一说出来，可能就不那么真实了。毕竟，人有时候是会说谎的。无论是从生物的本能出发，还是在行为上权衡利弊，人们普遍会做出符合自己利益的选择。这种选择有时可能是长远利益和短期利益之间的权衡，有时可能是现实利益和信念利益之间的取舍。

说这些，其实就是想告诉女性一个道理：通过观察一个人的行为，我们可以大致推断出他的真实想法，因为人的本性是趋利的，他的行为会反映出他的真实目的。识别"渣男"谎言的核心，在于抓住他"嘴上抹蜜，行为露底"的矛盾点。

1. 总是"画大饼"

"渣男"常常用"未来式谎言"来制造虚假的安全感。他们会说"等我有钱了就娶你""明年带你去环球旅行"，但这些承诺永远停留在口头，从未真正兑现。相反，当你提出当下的需求时，比如"这周末陪我见见父母"或"帮我处理一件急事"，他们却总是用"临时加班""突然有事"等借口推脱。

这种"未来承诺"与"当下逃避"的矛盾，正是"渣男"的典型特征。他们利用时间差，让你误以为他们的承诺是真诚的，却始终不愿为当下付出任何实质行动。要破解这种谎言，最好的方法就是将抽象承诺具象化。比如，当他说"我会永远保护你"时，你可以顺势提出一个具体的要求："这周末陪我去派出所处理被同事骚扰的事情吧。"观察他的反应，如果他找借口推脱，那么所谓的"保护"很可能只是一句空话。

2. 精心打造虚假人设

许多"渣男"深谙"人设"经营术，他们在朋友圈里晒救助流浪猫、转发情感鸡汤，塑造出一个温柔体贴的形象。然而，在现实生活中，他们却对你的需求敷衍了事，甚至在你生病时只说一句"多喝热水"，然后转身去陪朋友打游戏。

这种"人设"与"本性"的割裂，正是"渣男"的另一个典型特征。他们在公开场合表现得像个模范男友，私下却对你冷嘲热讽，甚至贬低你的价值。要破解这种伪装，最好的方法就是突击验证他们的"人设证据"。比如，如果他标榜自己是个"资深猫奴"，你可以提议去他家看看他的猫。如果他找借口推脱，或者临时借猫摆拍，那么他的"爱心人设"很可能只是用来吸引"猎物"的工具。

3. 从不将语言转化为行动

"渣男"擅长用零成本的行为制造情感幻觉。他们会深夜发小作文表忠心，转发情感鸡汤彰显"好男人"属性，却对需要实际投入的关系建设消极应对。比如，他们拒绝讨论婚嫁细节，回避共同储蓄计划，甚至在你提出需要帮助时，用"我很忙"来搪塞。

这种"低成本付出"与"高成本逃避"的矛盾，正是"渣男"的另一个典型特征。他们用语言制造出一种"我很在乎你"的假象，却始终不愿为这段关系付出任何实质代价。要破解这种谎言，最好的方法就是用"行为成本"来衡量他们的诚意。真正在乎你的人，会主动将语言转化为行动。比如，当他说"担心你走夜路不安全"时，真正爱你的人会出现在公司楼下接你，而不是只在微信上叮嘱你"注意安全"。

02

捕捉面部表情的细微变化：
判断他是否在撒谎

发薪日到了，妻子像往常一样从丈夫那里接过工资，可这次却发现金额少了一半。妻子满心不解，自然地问："怎么这次工资这么少呢？钱都用在哪里了？"丈夫听了这话，脸一下子红了，眼睛也快速地眨了几下，接着低下头说："现在公司情况不好，大家都只发了一半的工资。"

有身体语言学家曾经说过，脸部是说谎时最难控制的地方。想想看，那些被老板批评的员工，虽然心里发慌，但还是会笑着点头；还有违章被交警拦下的司机，也是一脸笑意，想缓和一下气氛。虽然脸上的表情可以人为控制，但说谎时还是会有些不自然的迹象。

就像上文那个丈夫，他撒谎时脸红、眨眼，这些小动作都反映出他心里的不安。其实，除了这些明显的表现，还有一个判断说谎的小技巧，那就是看面部表情的持续时间。

身体语言学家研究发现，一般情况下，人们的自然表情，除非是非常强烈的情绪，像特别伤心、特别生气或者特别高兴，在脸上停留的时间都不会太长，大概就 4—5 秒。但如果是在说谎，为了让自己的话更可信，人们可能会故意做出一些表情，这些表情在脸上停留的时间就会长很多，有时甚至超过 10 秒。这种过于夸张的表现，其实是因为他们想掩饰真实的情绪，结果反而露出了破绽。

所以，我们在日常生活中，判断一个人是否在说谎，不仅要注意他说了什么，还要仔细观察他的脸部表情。有几种微表情往往能透露出说谎的痕迹。

1. 眼睛

说谎的人常常避免与他人进行直接的眼神交流。他们或许会用手揉擦眼睛，试图掩盖自己眼神中的不自然。若仅凭这一举动难以断定对方是否说谎，可进一步留意其在揉眼时是否频繁转向他处，以此逃避你的注视。

还有就是眨眼，当人说谎时，内心的焦虑或不安可能会导致其频繁眨眼。研究表明，正常情况下，人每分钟眨眼的次数约为 5—8 次，但在情绪波动时，这一频率会显著增加。然而，也需警惕，在情绪激动时同样可能出现频繁眨眼的情况。擅长撒谎的人可能会利用坚定的眼神来迷惑他人，但过度专注的注视也可能因眼球干燥而引发频繁眨眼，这是识破其谎言的一个线索。

2. 表情慢半拍

在判断一个人是否说谎时，观察其表情与反应的同步性是一个重要技巧。以 A 女士与男士的初次约会为例，我们可以对比两个场景来分析哪个更可信。

场景一：

A 女士讲了一个笑话，男士听完后先笑了起来，随后说："这个笑话真是太好笑了。"

场景二：

A 女士讲了一个笑话，男士先说："这个笑话真是太好笑了。"然后才笑了起来。

根据身体语言学的理论，真诚的情感反应通常是即时的、自然的，而刻意伪造的情感则可能显得滞后或生硬。

在场景一中，男士先笑后说，这表明他的笑是真实的情感反应。他先感受到了笑话的有趣，然后才用语言表达出来，这种顺序符合真诚反应的自然流程。A 女士可以合理地认为，男士的笑是出于真心，因为他的笑容与笑话的趣味性相匹配，并且没有表现出任何不自然或滞后的迹象。

而在场景二中，男士先说笑话好笑，然后才笑，这种顺序上的颠倒可能暗示了他的笑是"追加"的，即为了配合言语而刻意制造的表情。这种后加的笑容可能显得不够自然，是因为他在说谎或试图掩饰真实的感受。A女士可能会对这种不一致的情感表达产生怀疑，认为男士可能并不真心觉得笑话好笑，而是在试图迎合或掩饰。

因此，从表情与言语的同步性来看，在A女士讲笑话的情境下，场景一更可信，因为它符合真诚情感表达的自然顺序。而场景二则可能存在说谎的嫌疑，因为男士的笑容看起来像是为了配合言语而刻意添加的。这一分析原理同样适用于其他情境，帮助A女士或其他人在交往中更准确地判断对方的情感真实性。

3. 面部表情只限于嘴部

假装出来的表情因为不是发自内心，所以只会局限于嘴部，而其他部位（如眼睛和前额的皱纹）不会被牵动。嘴角向下瘪是经典的犯错表情，表明撒谎者对自己的话没信心。说话时抿嘴、产生后撤姿势或嘴唇紧抿、咬下嘴唇等也可能是说谎的迹象。如果对方突然遮上嘴巴，很可能是因为说了谎，试图掩饰或遮挡说谎的痕迹。

4. 手部动作

把手放在嘴巴中间是"停止说下去"的常见示意，也可能表示对方正在阻止自己说出实话。说话时手摸脖子是经典的强迫行为，表明此人在说谎。他们可能并不是十分自信，或者正在释放压力。说话时手突然向外摆一下，也可能是说谎的表现。

5. 头部和鼻子

在面对"是不是"的质问时，有的人在摇头之前会下意识地先轻微点头，这个快速的点头动作往往表明质问一方的推测是正确的，而对方摇头之后的解释可能是谎言。此外，撒谎时揉鼻子也是为了掩饰，因为说谎时体内多余的血液流到脸上，使鼻子里的海绵体结构膨胀，说谎者可能会觉得鼻子不舒服，从而不经意地触摸它。

6. 肩部动作

说谎时耸肩的动作也有丰富的含义。如果双肩耸动且双肩动作一致，可能表示说话人对自己的言行充满信心。然而，单肩耸动则可能表示他对所说的话极不自信。

03

找出言语中的逻辑漏洞：
识破他的话术陷阱

在亲密关系中，"渣男"常利用女性情感需求编织精密的话术陷阱。他们深谙"以情乱智"的操控法则，通过精心设计的语言漏洞瓦解对方判断力——那些看似深情的承诺、饱含委屈的辩解、充满合理化的解释背后，往往暗藏违背逻辑的情感欺诈。

1. 不愿提及自身姓名

当人们试图撒谎时，他们常常表现出一种不愿提及自身姓名的趋势。这种现象可以从撒谎带来的心理不适感中找到原因。为了从谎言中解脱出来，撒谎者通常会试图将自己与编造的虚构情节分隔开。

美国心理学家韦斯曼认为，撒谎时人们会感到不舒服，内心充满焦虑和不安。因此，他们本能地将自己从谎言中摘除，以减轻这种不适感。不提及姓名可看作一种自我保护措施，以避免谎言被揭穿后名誉受损。

2. 不小心说漏了嘴

即使是最谨慎的撒谎者，也有说漏嘴的时候。这一现象揭示了撒谎者内心的紧张和不安，导致他们在说谎时变得不够小心，或者谎言编织得太过匆忙，从而在交谈中不经意地暴露自己。

弗洛伊德曾经说过："某些不想说的话，却说漏了嘴，就是典型的自我招供。"撒谎者通常会感到紧张和焦虑，这种情绪可能导致他们在谎言中变得粗心大意。有时，他们可能会不自觉地透露真相，因为在内心深处，他们希望有人能识破他们的谎言，以减轻内心的负担。

3. 拥有"超强"的记忆力

如果有人问你上周五晚上都做了些什么，你可能已经记不清很多细节了。即使记得，也难免会犯上几个小错误。但是，当人们试图撒谎时，他们通常会表现出一种惊人的记忆力，似乎能够清晰而详细地叙述虚构情节。

这种说谎方式的特点在于撒谎者早就编排好了虚构情节，以便在叙述时提供许多细节和信息，使谎言看起来更加真实。

4. 对问题的生硬重复

对于撒谎者来说，一秒钟可能无比漫长。当撒谎者面临被问及敏感问题或急于掩盖谎言时，他们通常会表现出对问题的生硬重复，这是一种常见的说话方式。

这种行为表明他们希望尽快回答问题，但由于谎言的压力，他们可能没有时间思考如何以合乎逻辑的方式回答。

5. 喜欢转移话题

喜欢转移话题，是撒谎者的又一个典型表现。这种说话方式常常暴露了撒谎者内心的不安和恐惧，因为他们担心谎言会被识破，从而产生巨大的心理压力。

这种恐惧常常伴随着对方的咄咄逼问。由于担心谎言被识破的恐惧之情始终萦绕在他们的心头，因此只要有机会，他们恨不得马上就偏离正在讨论的话题。

6. 描述不符合逻辑

很多时候，谎言看似天衣无缝，但实际上却有明显的逻辑错误。这些逻辑错误常常成为我们拆穿谎言的重要线索。

撒谎者在编故事时，为了自圆其说，不得不编造出一系列复杂且相互关联的情节。然而，这些情节往往难以经得起推敲，一旦某个环节被质疑或揭露为假，整个故事就会像多米诺骨牌一样崩塌。

7. 提供多余的信息

很多经验不足的撒谎者，总是想把谎言编织得更完美，因而会用大量的词汇来反复修饰自己的谎言。

撒谎者往往试图让谎言看起来更完美，因此他们可能会通过提供大量不必要的细节来强调自己的可信度。甚至在别人还没有提及之前，就告诉对方很多的细节。殊不知，这种反常的说话方式，恰恰暴露了他们内心的恐惧和不安。

这种过度的描述常常会引起怀疑，因为在正常情况下，人们不会在回答简单问题时提供如此多的细节。

8. 无法倒叙重述

在描述一连串发生的事情时，如果事情是编造的，撒谎者可以尽可能按事前虚构好的顺序，滔滔不绝地神侃一番。但如果被要求倒叙重述，他们可能会陷入困境，因为他们无法轻松地回忆出不存在的情节的逻辑顺序。

04

观察对方的交友方式：
判断他是否对你真心实意

"渣男"的核心特征在于"广撒网"的社交策略。他们通过精心设计的情感投放，在多个目标之间维持动态平衡。这种行为的底层逻辑源于进化心理学中的"择偶多样性偏好"，即通过分散情感投资降低繁衍风险。

1. 社交平台分区经营

"渣男"在社交平台上往往采取"分区经营"的策略。他的朋友圈对你可见的内容光鲜体面，比如健身"打卡"、读书分享，但你偶然会发现他存在多个私密分组，其中发布的内容与对你展现的形象截然不同，比如深夜酒吧定位、暧昧互动留言。

小敏就曾发现男友的社交平台账号有两条隐藏视频：一条是凌晨两点在KTV与女性朋友合唱情歌，另一条是评论区与陌生女性互称"宝贝"。当小敏质问时，男友辩解："只是普通朋友开玩笑。"

这种现象背后，是社会渗透理论的体现——健康的关系应呈现社交圈层的逐步融合，而刻意分割社交场景往往是多重关系的标志。

我们可以要求查看其社交平台的所有分组权限，注意是否存在"仅部分可见"的内容；对比他发布动态的时间与你们实际相处的时间，若频繁出现"时间空洞"（如声称加班时却在酒吧"打卡"），需提高警惕。

2. 暧昧的沟通模式

"渣男"的沟通模式常常带有暧昧的特征。他们声称"工作需要"必须与异性同事深夜通话，但拒绝透露具体内容；手机永远保持震动模式，收到消息时眼神闪烁并迅速锁屏。要破解这种模式，可以使用"对话密度分析法"，统计他提及异性朋友的频率。如果每周超过 5 次且细节模糊（如"就那个市场部的小张"），需警惕情感投射。

小芳发现男友的社交平台聊天记录中，每晚 10 点后频繁出现与某位"客户"的语音通话。当她要求查看聊天内容时，男友以"商业机密"为由拒绝，并迅速删除记录。后经调查，该"客户"实为前女友。

我们可以要求双方公开与异性的非工作必要沟通记录，若他声称是工作联系，可提议共同参加商务饭局，观察其反应是否自然。

3. "安全距离"失控

"渣男"在与异性互动时，身体语言也常常暴露出"安全距离"失控的迹象。他们与异性交谈时身体前倾超过 15 度（正常社交距离为 50—120 厘米），甚至使用"侵入性"肢体接触，如撩对方头发、整理衣领。美国人类学家霍尔的研究显示，亲密距离（小于 45 厘米）通常只保留给伴侣，若他与其他女性频繁突破该界限，往往暗示着越界的可能性。

我们可以在聚会中刻意保持距离，暗中观察他与异性的互动模式；在他与异性交谈时突然靠近，若他表现出慌乱或迅速调整姿势，可能他心虚。

05

观察对方对异性的态度：
判断他是否花心

　　"渣男"最擅长用"暖男人设"掩盖"广撒网"的本质。他们通过模糊与异性的边界感，营造"对谁都好"的假象，实则为多线发展关系铺路。要识破这种伪装，需从以下维度切入：

1. 测试边界感

　　真正尊重伴侣的男性会主动建立清晰的异性社交边界，而"渣男"往往刻意保持暧昧的灰色地带，如雨天为女同事撑伞时手臂紧贴对方，美其名曰"怕她淋湿"；深夜倾听女性朋友的失恋故事，甚至说出"如果我是你男友绝不会这样"；帮女性朋友整理头发、系围巾等亲密动作，却解释为"顺手帮忙"。

　　小琳发现男友总在聚餐时主动给女性朋友夹菜，甚至用自己筷子喂对方尝新菜品。当小琳表达不满时，男友反而若无其事地说："大家都是朋友，你能不能别这么小心眼？"

社会心理学家阿尔特曼的"边界渗透理论"指出，健康的关系需要明确的社交屏障。"渣男"通过刻意模糊边界，既能享受暧昧快感，又能用"正常社交"作为免责借口。

这种情况下，我们可以明确要求他避免与异性单独深夜见面、拒绝肢体接触类帮助；当他声称"只是普通朋友"时，提议三人共同聚餐，观察他是否刻意保持距离。

2. 识别情感投射

"渣男"常以"红颜知己""异性兄弟"为幌子，储备潜在发展对象。比如每周与特定异性通话超 3 次，且话题涉及情感困惑、生活隐私；对比性评价："她比你更懂我""要是你也像她一样独立就好了"；清楚记得对方生日、饮食禁忌等细节，却常忘记你的重要日程。

小芳发现男友手机里有位备注为"打球搭子"的女性，聊天记录显示他们每天互道早安晚安，甚至讨论"未来理想型"。面对质问，男友辩解："我们纯友谊，聊这些很正常。"

进化心理学家戴维·巴斯发现，男性对异性"友谊"往往暗含择偶评估。当男性投入大量时间经营异性友谊，本质是在进行"情感占位"。

我们可以要求他公开所谓"好友"的真实身份及交往历史；问他"如果我有个每天聊心事的男闺蜜，你能接受吗？"观察他是否出现双标反应。

06

留意对方钱花在哪里：
判断他是否出轨

金钱流动是情感投入的重要指标之一。"渣男"在金钱管理上往往表现出"双重标准"，即对你吝啬，对他人慷慨。这种行为背后的心理机制是"资源分配策略"，即通过控制金钱流向，维持多段关系的平衡。

1. 不知情的消费记录

"渣男"的消费记录常常暴露出问题。比如，他声称"最近经济紧张"，却频繁在深夜时段出现高额消费（如酒吧、酒店账单）。

小丽就曾发现男友的信用卡账单中，多次出现凌晨时段的KTV消费记录，而男友的解释是"陪客户应酬"。然而，当她要求查看客户名单时，男友却以各种理由拒绝。

可以将他的消费时间与和你相处的时间进行比对，若发现他有大量你所不知情的消费记录，则需提高警惕。

2. 礼物的双重标准

"渣男"在礼物选择上往往表现出双重标准。他们可能会送你一些廉价但"有意义"的礼物（如手工制品），却对其他女性赠送昂贵物品（如名牌包、珠宝）。这种行为背后的心理动机是"情感成本最小化"，即用低成本礼物维持你的情感依赖，同时用高成本礼物吸引其他目标。

小芳发现男友送她的生日礼物是一条手工编织的手链，而他的前女友却在社交媒体上晒出了一款名牌包。当小芳质问时，男友辩解："手工礼物更有心意。"

我们可以将他的礼物选择与市场价值进行比对，若存在明显差异，需警惕情感投入的不均衡；记录他在不同关系中的金钱投入，若发现明显偏向某一人，需重新评估关系的真实性。

3. 金钱流动的隐形路径

"渣男"常常通过隐形路径转移金钱，比如使用现金支付、开设秘密账户等。这种行为背后的心理动机是信息隔离，即通过隐藏金钱流向，避免被察觉多段关系的存在。

我们可以定期查看他的银行流水，注意是否存在异常转账记录（如频繁小额转账）；通过支付平台的消费记录，追踪他的金钱流向。

07

警惕对方的无端指责：
判断他是否在"PUA"你

PUA，全称 Pick-up Artist，意为"搭讪艺术家"，俗称"恋爱大师"，原指一方为了发展恋情，系统性地学习如何提升情商和互动技巧以吸引对方，直至发生亲密接触。目前多指在一段关系中一方通过言语打压、行为否定、精神打压的方式对另一方进行情感操纵和精神控制。

一些"渣男"会通过"选择性关注"逐步摧毁你的自我认知。他们会将你的细腻敏感扭曲为"小题大做"，把事业心强污名化为"不顾家庭"，甚至将独立自主变成"不需要被爱"。这类人擅长忽视自己的问题，对自己的缺点轻描淡写，同时夸大对方的不足，将矛盾的焦点转移到对方身上。

在亲密关系中，这种策略尤其危险，因为它会加剧你的自卑感，让你在对方精心构建的"现实"中迷失，觉得自己总是做得不够好，而对方则总是无可挑剔。这是在对你进行"PUA"，就是为了让你逃脱不了他的掌心。

1. "PUA"的具体表现

①频繁否定你的优点：比如，当你取得工作成就时，他会说"这没什么大不了的"，或者"你只是运气好"。

②放大你的缺点：他会抓住你的小错误不放，甚至将无关的事情联系起来，比如"你上次迟到，说明你根本不在乎我"。

③制造矛盾标准：当你表现出依赖时，他说你"不够独立"；当你独立时，他又说你"不需要他"。

④情感绑架：他会用"如果你真的爱我，就不会这样"之类的话，让你觉得问题出在自己身上。

2. 反"PUA"的应对策略

①记录他对你的指责，分析是否存在双重标准。

②与朋友或家人交流，获取第三方视角，避免陷入自我怀疑。

③当他无端指责时，直接指出他的逻辑漏洞，比如："你上次说我太独立，现在又说我依赖你，你到底希望我怎么做？"

08

发现细节上的自相矛盾：
他是否在持续编造谎言

高阶"渣男"会构建缜密的谎言矩阵。他们不仅会说谎，还会用更多谎言来掩盖最初的谎言。擅长此道的人擅长撒谎，且撒谎成性。他们缺乏同理心，羞耻感强烈，因此通过不断编织谎言来掩盖内心的羞耻。与偶尔的"善意谎言"不同，他们的谎言多变且自相矛盾，根据情境随意变换版本，旨在逃避责任和避免被问责。当谎言被揭穿时，他们可能会用"你记错了"或"我没说过"等话术来混淆视听，使对方陷入困惑和精神恍惚之中。长期遭受这种迷惑，人可能会感到身心俱疲，生活、工作都会受到影响。

1. 具体表现

①细节矛盾：比如，他声称某天在加班，但朋友圈却显示他在酒吧。

②版本多变：他的解释会随着你的追问不断变化，比如"我没说过"到"你记错了"。

③转移焦点：当你指出矛盾时，他会反过来指责你"太敏感"或"不信任他"。

④制造混乱：他会用复杂的解释让你感到困惑，比如"那天我是先加班，然后去酒吧见客户"。

2. 应对策略

①保留证据，比如聊天记录、照片等，以便核对细节。

②当他试图混淆视听时，直接指出矛盾点，比如："你上次说在加班，但朋友圈显示你在酒吧，这怎么解释？"

③不要被他带偏话题，坚持追问核心问题。

09

注意对方是否在推卸责任：判断他是不是可靠的人

"渣男"会将自己的过错转化为你的"原罪"。当你试图指出他们的错误时，他们会用"都是你逼我的"这类话术，把责任推给你。比如，出轨者可能指责你"太强势"，冷暴力实施者会说你"不会沟通"，甚至有人将不愿结婚的责任推给你，称是你让他对婚姻产生了恐惧。这种手法涉及将自身的不良行为合理化，并将责任归咎于对方，使对方产生自责感。常见的句式是"都是你逼我的"。这种策略不仅是为了减轻自己的负罪感，还为了让对方产生自我怀疑，以便提升他自己的话语权。

1. 具体表现

①责任转移：比如，出轨者会指责你"太强势"，冷暴力实施者会说你"不会沟通"。

②绝对化表达：他常用"你总是""你从来"等词语，将问题绝对化。

③情感绑架：他会用"如果你真的爱我，就不会这样"之类的话，让你觉得问题出在自己身上。

④拒绝反思：当你指出他的问题时，他会立刻反击，而不是反思自己的行为。

2. 应对策略

①当他推卸责任时，直接指出他的逻辑漏洞，比如："你说我太强势，但你的冷暴力行为并不是我造成的。"

②与朋友或家人交流，评判其推卸责任的行为。

10

察觉对方的刻意对比：瓦解他树立"假想敌"的套路

有的"渣男"不需要真实第三者，只需在你的认知中植入"假想敌"便可通过这种方式"PUA"你。他们会频繁提及前任、同事甚至陌生人，暗示你不如他们。他们通过不断提及别人的优点，暗示你不如人，从而在你心中种下不安的种子。这种比较可能看似不经意，但随着频率的增加，你会不自觉地受到影响。当你提出质疑时，他们可能会以开玩笑或随便说说的方式搪塞过去。这种刻意竞争的环境会让你陷入无休止的自我证明之中，消耗你的精力，而他则从中获得满足感和控制感。

1. 具体表现

①频繁比较：他会将你与前任、同事甚至陌生人进行比较，比如"她比你更懂我"。

②暗示不足：他会用隐晦的方式暗示你不够好，比如"要是你

也像她一样独立就好了"。

③制造竞争：他会让你觉得需要不断证明自己，比如"如果你能像她那样，我就更爱你了"。

④情感操控：当你提出质疑时，他会以开玩笑或随便说说的方式搪塞过去。

2. 应对策略

①当他进行比较时，直接指出他的行为不妥，比如："你为什么总是拿我和别人比较？"

②记录他的比较行为，分析其是否夸大事实。

FOUR

提升识人能力，才能
遇到更好的人

01
高段位女性的识人攻略

　　识人不是看看对方的外貌形象、观察他的言谈举止就够了的。要想看准一个人，首先得对人性有一定了解，知识储备得足。这些知识从哪儿来呢？一方面，可以从身边有经验的人那儿学，他们可能会告诉你很多关于人性的道理。另一方面，生活中发生的事，很多都会反映出人性的善恶，得留心观察，从中学习分辨。另外，看书、看电影电视这些，也能学到不少识人的技巧，平时得多留意，记在心里，多琢磨琢磨。

　　但是，光有知识还不行，还得有实践。很多时候，书上写得再好，如果自己没体验过，就很难真正明白。就像那些有经验的人，他们一看一听就知道怎么回事，那是因为他们经历得多。所以，我们听到的、看到的知识，在没亲身经历之前，别觉得自己已经掌握了。要不然，可能会变得自大，觉得自己啥都懂，结果一做判断就出错，看错人也是常有的事。

　　要想真正提高识人的能力，在掌握一定知识的基础上，还得在实践中不断摸索。遇到人，得仔细观察，用学到的知识去分析。这样，理论和实践结合起来，多想想，多总结，才能真正掌握识人的方法，眼光才会更准，能力才会更强。

向过来人学习：借鉴老人的识人智慧

古人有言："老者不可不敬也，盖彼多经验。"这句话传达了对老年人的敬重之情，原因在于他们积累了丰富的生活经验。这些经验，就像他们脸上的皱纹，每一道都是岁月的印记，蕴含着人生的智慧。

老年人历经风雨，面对过各种困难和挑战。他们深知如何适应环境、处理复杂的人际关系，以及应对生活中的各种难题。他们见解独特，判断力精准，能为我们提供宝贵的建议和指导。因此，我们应当虚心向他们求教，尊重他们的意见和决策，不应轻易否定或忽视他们的想法。

李阿姨是一位退休的中学教师，一生专注教育事业，培养了大量优秀的学生。在识人方面，李阿姨有着独到的见解和方法。她曾凭借自己的识人经验，帮助女儿小芳找到了合适的伴侣。

小芳是个温柔善良、聪明的女孩。在大学期间，她遇到了一个叫小杰的男孩。小杰外表帅气，谈吐幽默，很快便赢得了小芳的青昧。然而，李阿姨在与小杰接触了一段时间后，发现他并非一个值得信赖的伴侣。

李阿姨观察到，小杰虽然外表出众，但实际上缺乏责任感和担当。他总是以自己的感受和需求为先，而忽视小芳的感受和需求。在与小芳相处时，他也习惯于指挥小芳做事，而自己却很少付出。此外，李阿姨还发现小杰在与他人交往时总带着优越感，喜欢炫耀自己的成就和财富。

基于这些细致的观察和分析，李阿姨认为小杰并非小芳的理想伴侣。她耐心地与小芳沟通，将自己的担忧和顾虑告诉小芳。尽管小芳一开始不愿相信母亲的话，但在经过一段时间的观察和思考后，她终于意识到母亲的判断是正确的。于是，小芳决定与小杰分手，重新开始自己的生活。

后来，小芳在一次朋友聚会上结识了一个叫小强的男孩。小强外表朴素，但内心充满善良和责任感。在与小芳相处时，他总是能够细心地照顾她的感受和需求，给予她足够的关爱和支持。在李阿姨看来，小强是一个值得信赖的伴侣。她鼓励小芳与小强多接触、多了解彼此。最终，小芳与小强走到了一起，开始了幸福的生活。

这个故事告诉我们，在识人的过程中，我们应当虚心向阅历丰富的老年人请教，借鉴他们的智慧和经验。同时，我们也应避免一意孤行。在判断一个人的性格和品质时，我们应当从多个角度进行思考和分析，不应仅凭自己的经验和直觉做出判断。此外，当发现自己的判断有误时，我们也要勇于承认错误并及时调整自己的策略和方法。

咨询他人意见：不被个人情感左右

在识人的过程中，我们时常会因为个人的情感纠葛、利益冲突或是主观偏见，而难以对一个人做出全面且客观的评价。这时，"当局者迷，旁观者清"的古训就非常有借鉴意义。

多向他人征求意见，可以帮助我们获得更为中肯和全面的认知，从而更准确地识人。当你面对选择感到犹豫不决时，不妨听听周围人的看法，因为他们可能注意到了你未曾留意的细节，他们的观点或许能让你豁然开朗。而且，你听到的建议越多，就意味着你在识人的过程中拥有了更多的选择和参考。

小雅是一位聪明、独立且富有魅力的女性。在社交场合中，她总是能够吸引众人的目光，成为焦点。然而，在感情生活中，小雅却显得有些迷茫。她曾经历过几段不成功的恋情，每一次都投入得全心全意，但最终都以失败告终。小雅开始怀疑自己的眼光，不知道如何才能找到那个真正值得托付终身的人。

在一次偶然的机会中，小雅遇到了一个名叫阿杰的男子。阿杰风度翩翩，谈吐不凡，很快就赢得了小雅的好感。他们开始频繁地约会，一起看电影、吃饭、逛街，享受着彼此的陪伴。小雅觉得自己终于找到了那个对的人，她沉浸在爱情的甜蜜中，无法自拔。

然而，随着时间的推移，小雅逐渐发现阿杰身上的一些问题。他有时会对小雅撒谎，隐瞒一些重要的事情；有时又会表现得非常自私，只考虑自己的感受。小雅开始感到不安，她不确定阿杰是否真的是那个值得她托付终身的人。她想要向身边的人征求意见，但又担心自己的感情会受到他人的影响。

就在这时，小雅的一位好友小丽看出了她的困惑。小丽是一个聪明且富有洞察力的人，她善于观察和分析。她告诉小雅，当局者迷，旁观者清，她愿意帮助小雅客观地分析阿杰这个人。小雅听了小丽的话，觉得很有道理，于是她决定向小丽倾诉自己的困惑。

小丽耐心地听完了小雅的讲述，然后她开始分析阿杰的行为和性格。她指出，阿杰虽然外表风度翩翩，但内心却缺乏真诚和责任感。他撒谎和隐瞒的行为表明他并不尊重小雅的感受，也不珍惜这段关系。而他的自私和冷漠则进一步证明了他并不是一个值得托付终身的人。

小丽还告诉小雅，一个人的品质和行为往往可以从他的日常细节中看出端倪。比如，阿杰在约会时是否总是迟到或取消计划？他是否愿意为小雅付出时间和努力？他是否尊重小雅的意见和选择？这些问题虽然看似微不足道，却能够反映出一个人的真实面貌。

听了小丽的分析，小雅如梦初醒。她开始重新审视阿杰这个人，发现他的确存在很多问题。她意识到，自己之前之所以被阿杰的外表和甜言蜜语所迷惑，是因为她陷入了情感的漩涡中，无法保持清醒的头脑。而现在，有了小丽的帮助，她终于能够客观地看待这段感情，做出明智的决定。

最终，小雅决定与阿杰分手。虽然这个决定让她感到痛苦和不舍，但她知道这是正确的选择。她感谢小丽在她迷茫时给予的帮助和支持，让她能够走出情感的困境，重新找回自己的自信和独立。

在识人的过程中，我们往往会被自己的情感左右，无法做出客观的判断。而旁观者则能够保持冷静和客观，从多个角度观察和分析一个人，帮助我们更准确地认识他。因此，当我们陷入困惑或难以做出决定时，不妨多向旁观者寻求意见，以获得更为公正和全面的视角。

当然，这并不意味着我们要完全依赖他人的意见。在听取建议的同时，我们也需要保持自己的独立思考和判断能力。毕竟，每个人的观点和看法都可能受到其个人经历、价值观和立场的影响。我们需要综合多方面的信息，结合自己的观察和判断，来做出最终的决定。

积累实践经验：
记住吃过的亏

在生活中，我们时常会发现一些心慈手软、易于受伤的女性，她们往往因为对方几句甜言蜜语就轻易忘却了曾经的伤痛，却未曾意识到，恶行往往是人的本性使然，难以掩饰。轻易原谅那些不应被原谅的行为，无疑是成年人心性不够成熟的一种表现。

我们要铭记，当一个人对你造成伤害时，那正是他最真实的一面。有句话说得好："助你之人，多会再助；害你之人，往往复害。"在这个世界上，所谓的"无心之失"往往只是借口，本性暴露才是真相。那些曾经伤害过你的人，很可能会再次对你造成伤害。

生活中这样的例子不胜枚举。有人因朋友的背叛而深受其害，对方不仅窃取成果，还恶意中伤。尽管受害者一度心灰意冷，但在对方几句道歉和解释后，却选择了原谅。然而，这位"朋友"并未因此改过自新，反而再次在关键时刻陷害对方，使其陷入更深的困境。这样的遭遇，让人不禁感叹人性的复杂与多变。

老祖宗早已告诫我们："江山易改，本性难移。"一个人在伤害你时，已经权衡过利弊，那是他最真实的样子。无论是争吵时的恶语相向，还是低谷时的冷漠嘴脸，都不是一时的情绪失控，而是他们内心的真实写照。因此，我们绝不能轻易相信伤害者的花言巧语，更不能对他们抱有幻想。

李梅和丈夫张强结婚多年，一开始两人的生活充满了甜蜜和温馨。然而，随着时间推移，张强的脾气变得越来越暴躁，有时候甚至会因为一些小事对李梅动手。

第一次家暴发生时，李梅简直不敢相信自己的眼睛。她躲在角落里，浑身发抖，眼泪不停地往下流。张强事后非常后悔，他跪在李梅面前，痛哭流涕地道歉，并保证以后再也不会这样了。李梅看着张强那张熟悉的脸，心里充满了矛盾和挣扎。她想起了两人曾经的甜蜜时光，想起了张强对她的好，最终选择了原谅。

然而，原谅并没有换来张强的改变。没过多久，同样的事情再次发生。这次，张强下手更重了，李梅的脸上都留下了淤青。张强再次道歉，保证会改，李梅的心又一次软了下来。她告诉自己，这可能是最后一次了，张强一定会改的。

但事实并非如此。随着时间的推移，家暴变得越来越频繁，每次施暴后，张强的道歉也越来越敷衍。李梅开始感到害怕和无助，她不知道自己该怎么办。每次原谅后，她都会感到更加心寒和绝望，她开始怀疑自己的选择，怀疑自己当初为什么要嫁给这个男人。

直到有一天，李梅在朋友的鼓励下，终于鼓起勇气向警方报案。她明白了一个道理：不是所有的错误都可以被原谅，也不是所有的伤害都值得被忘记。面对家暴，她必须学会保护自己，勇敢地站出来。

有智者曾说："对善人行善，他会更好；对恶人行善，他只会更恶。"别人对你的反复伤害，一方面源于他们的本性，另一方面则是因为你的无底线善良。对恶人的仁慈，不是宽容，而是纵容。

这种纵容只会让他们更加肆无忌惮地伤害你。

在识人的过程中，我们要把吃亏、教训当作经验来积累。不要好了伤疤忘了疼，否则只会让自己再次陷入同样的困境。没有边界的心软，只会让对方得寸进尺。对于那些故意伤害你的人，不必装大度，该翻脸就翻脸。记住他们的伤害，不是为了报复，而是为了保护自己不再受同样的伤害。

生活中，我们也不乏见到那些懂得保护自己的智者。他们虽然善良，但绝不纵容恶行；他们虽然宽容，但绝不轻易忘记伤痛。他们明白防人之心不可无的道理，懂得在这个复杂的世界中如何立足。

记住，并非所有的错误都能得到弥补，也并非所有的伤害都值得原谅。待人要诚善，但更要明白防人之心不可无。不做滥好人，不轻易忘记伤痛，要懂得积累经验教训。

02

培养情绪智力，洞察人心防"踩雷"

情绪智力，听起来似乎很深奥，其实我们可以把它简单地理解为"情商"。当一个人做事周到、能和各种人打交道、说话得体，大家就会夸"这个人情商高"；和一个人在一起时特别自在愉快，那这个人多半情商不低。

情绪智力高的人，能够清晰地认识自己的情绪，也更容易理解和感知他人的情绪。这种共情能力有助于他在人际交往中更加敏锐地捕捉到他人的情绪变化，从而更准确地判断他人的性格和需求。

因此，在提升自我识人能力的过程中，提高情商就显得很重要了。

自我情绪认知：看清事件的全貌

在识人之前，首先要学会正视自己的情绪。许多人之所以误判他人，往往是因为被自身的焦虑、偏见或期待蒙蔽了双眼。例如，当一个人处于愤怒或不安中时，容易将对方的无心之言解读为恶意；而若沉浸在恋爱的甜蜜中，又会不自觉地美化对方的缺点。因此，学会觉察并管理自己的情绪，是提升识人能力的第一步。

小慧曾因情绪化吃过不少亏。一次，男友因工作繁忙忘记她的生日，她立刻认定对方"不够爱自己"，大吵一架后提出分手。后来通过心理咨询，她逐渐意识到自己习惯将负面情绪放大。当她学会先冷静分析对方的处境后，再遇到类似情况时，她选择主动沟通，发现男友其实提前准备了礼物，只是因突发会议耽搁了。

每天花十分钟回顾当天的社交互动，记录下自己的情绪反应。例如："当同事打断我的发言时，我感到愤怒，但事后发现他其实只是急于表达新方案。"通过这样的练习，逐渐分辨哪些情绪源于客观事实，哪些来自主观臆断。长此以往，能培养出更冷静的判断力。

共情能力：
通过换位思考了解他人

共情并非简单的同情，而是真正站在对方的角度，理解其行为背后的动机。一个擅长共情的人，能通过对方的语气、表情甚至沉默的行为，捕捉到隐藏的情绪信号。例如，当某人嘴上说"没关系",但眼神闪躲、双手紧握时,可能正压抑着不满或委屈。

　　林琳的同事小张最近工作效率骤降,常对团队成员冷嘲热讽。其他同事认为小张"脾气差",建议主管将其调岗。但林琳观察到小张常盯着手机发呆,午休时独自躲进楼梯间。她私下约小张喝咖啡,耐心倾听后才得知小张的母亲重病住院,他因经济压力濒临崩溃。林琳的共情不仅化解了团队矛盾,还帮小张申请了公司补助。事后主管感慨:"能看透人心的人,才是团队真正的黏合剂。"

　　与人交谈时,少说多听,注意对方的肢体语言和用词习惯。比如,频繁使用"我觉得""可能吧"的人,往往缺乏自信;而习惯打断他人说话的人,可能内心焦虑或控制欲强。此外,当对方提到某件事时突然转移话题,往往意味着此事触及其敏感点。

情绪管理:
以冷静破迷局

　　情绪管理并非压抑感受,而是在关键时刻保持理性,避免被冲动牵着走。尤其在面对冲突或诱惑时,能否控制住情绪,直接决定识人的准确性。例如,"渣男"常利用女性的"拯救欲",以苦情故事博取同情;而职场小人则擅长用激将法诱人失态,借机抓住把柄。

杨雪曾因情绪失控错失重要合作。一次商务谈判中，对方代表咄咄逼人，指责她的方案"不专业"。她当场拍桌离席，导致合作破裂。后来她学习情绪管理技巧，再次遇到类似场景时，她微笑着回应："您的建议很有价值，我们可以细化讨论。"最终，对方因她的从容态度主动让步，签下合同。

当感到愤怒、焦虑或过度兴奋时，先深呼吸三次，默数十秒后再回应。这短暂的停顿能切断本能的情绪反应，为理性思考争取时间。此外，可预先设定底线原则，如"绝不在一小时内做重大决定""争吵时只陈述事实，不翻旧账"。

边界意识：设立明确的边界会让别人更尊重你

高情商者不仅擅长识人，更懂得设立人际边界。过度共情或一味迁就，反而会让对方得寸进尺。正如李梅的故事所示，原谅家暴者只会招致更深的伤害。真正的情绪智力，包含对自身价值的坚守。

应届生小雨初入公司时，常被同事使唤跑腿、加班。她虽不满，却因"怕得罪人"默默忍受。直到某天，主管要求她替同事背黑锅，她终于意识到：无原则的妥协只会让人被轻视。她冷静拒绝，并列出自己的工作记录。主管反而因她的果敢刮目相看，从此再无人敢随意使唤她。

在交往初期，通过小事观察对方是否尊重你的边界。例如，若某人屡次在深夜打扰你休息，或强行干涉你的私事，需及时表明态度。必要时，可用"我理解你的需求，但我无法接受"等句式坚定回绝。

提升情绪智力非一日之功，需在日常生活中不断实践与反思。每一次情绪波动，都是认识自己的契机；每一段人际关系，皆是洞察人心的考场。愿每一位女性都能在情商的修炼中，既保有善良的底色，亦练就一双慧眼，于纷繁人世中避开暗礁，遇见真正值得珍惜的良人。

03

通过识人术，筛选值得结交的人

识人的终极目标，是让我们在复杂的人际关系中筛选出真正值得信赖、能够共同成长的伙伴。无论是友情还是爱情，一段健康的关系需要双方在价值观、行为模式和情感需求上高度契合。然而，如何在茫茫人海中精准识别出这样的人？本节将从实际操作的维度为女性提供一套系统的筛选策略。

明确自我需求：有目的地去识人

许多人之所以在人际关系中屡屡受挫，根源在于对自身需求缺乏清晰认知。若仅凭一时好感或外界压力选择交往对象，往往会在后续相处中发现价值观冲突或情感落差。因此，在识人之前，女性需要向内探索，建立一套基于自我价值观的筛选标准。

苏晴是一名职场女性,性格独立且注重精神共鸣。她曾因家人催促与一位条件优越但缺乏共同语言的男性交往,结果发现两人在生活目标上南辕北辙:对方追求安稳,而她渴望事业突破。最终,这段关系因频繁争吵而结束。通过反思,苏晴列出了一份"核心需求清单",包括"尊重女性独立""支持个人成长""具备同理心"等标准。后来,她遇到了一位同样热爱自我提升的创业者,两人因价值观高度契合而走到了一起。

我们可以将需求分为"必须满足"(如诚信、责任感)和"加分项"(如幽默感、共同兴趣),避免因次要特质忽视核心问题;每段关系结束后,记录哪些特质让自己感到舒适或痛苦,逐步完善筛选标准;不因对方某一突出优点(如高收入、高颜值)而忽略其他潜在问题。

识别成长型思维:
判断对方是否有上进心

人际关系如同生命体,需要双方共同滋养才能长久。若一方固步自封、拒绝改变,关系终将陷入僵局。因此,筛选交往对象时,需重点关注其是否具备成长型思维。

美欣与丈夫结婚十年，感情逐渐冷淡。她发现丈夫沉迷游戏，对家庭事务漠不关心，且拒绝沟通。美欣提出共同参加婚姻咨询，却被丈夫斥为"浪费时间"。最终，美欣选择结束这段关系。她说："我可以接受暂时的低谷，但不能容忍永远的停滞。"

我们可以询问对方对职业、家庭或个人成长的看法，判断其是否有明确目标；看他是否愿意接受新事物、主动改掉缺点（如学习沟通技巧）；警惕有"抱怨型人格"的人，这种人习惯将问题归咎于外界，往往缺乏自省能力。

细致观察与及时止损：发现对方已婚的"危险信号"

即使初步筛选通过，也需通过长期互动验证对方是否值得深交。同时，要培养"及时止损"的勇气，避免沉没成本谬误。

安然与一位男士交往半年，对方温柔体贴，但多次以"工作需要"为由隐瞒行踪。安然暗中调查发现，对方竟已婚且有子女。尽管痛苦，她仍选择立刻分手，并告诫朋友："有些人的伪装需要时间揭穿，但发现真相后，多留一秒都是对自己的伤害。"

对重要关系（如婚姻、合作），我们要至少观察6—12个月；将对方的不良行为按严重程度分级，累计到阈值时果断离开；不要幻想改变他人，成年人的品性往往根深蒂固。

逆境反应测试：
看透他的底色

人在顺境中容易伪装，逆境才是品性的试金石。面对压力时，是冷静解决问题，还是推卸责任？是保持同理心，还是暴露自私本性？这些问题往往在困境中一览无余。

小宁与男友旅行出发前遭遇航班取消，男友当场对工作人员大吼大叫，甚至将责任归咎于小宁"选错了航班"。这次事件让小宁意识到，对方缺乏情绪管理能力和担当。相比之下，闺蜜在项目失败时主动承担责任并鼓励团队重振旗鼓，这让小宁更珍惜这段友情。

我们可以制造轻度压力场景，例如共同完成一项复杂任务（如组装家具），观察其耐心与协作能力；若对方习惯将问题归咎于外界（"都是别人的错"），可能缺乏自省意识；在对方遭遇挫折（如工作失利）时，关注其是积极寻求解决方案还是陷入抱怨情绪。

同理心与支持能力：
判断对方是否有诚意

真正的同理心不仅在于言语安慰，更在于行动支持。许多人擅长在口头上表达关心，却无法在行动中体现支持。这种"假性共情"容易让人误判对方的真诚度。值得深交的人，会在你需要时主动伸出援手，而非仅停留在"多喝热水"式的敷衍。

晓雯生病住院时，追求者阿浩每天发消息问候，却从未主动送药或探望。而同事小雨直接帮她处理积压的工作，并熬粥送到医院。晓雯感慨："甜言蜜语不如雪中送炭。"

要判断对方是否足够有诚意，我们可以请求其提供微小帮助，例如临时借一本书或帮忙修改文档，观察对方是否愿意付出时间；真正有同理心的人会在你未开口时主动提供帮助，而非仅在有求时才表现积极；若对方总在公开场合高调关心你，私下却冷漠，需提高警惕。

独立性与合作性：
判断你们能否共同成长

值得交往的人既能保持自我独立，又具备良好的合作精神。过度依赖他人者易成为关系中的"负担"，而过度自我者则难以建立深度连接。健康的关系需要双方在独立与依赖之间找到平衡，既能共同成长，又尊重彼此的个人空间。

雅欣曾与一位控制欲极强的男友交往，对方要求她报备所有行程，甚至干涉她的职业选择。分手后，她遇到了一位独立摄影师，对方鼓励她追求事业，同时两人每周固定安排共同活动。雅欣说："真正的安全感来自相互尊重，而非捆绑。"

观察对方是否能在独处与共处间灵活切换，而非过度黏人或疏离；在共同计划（如旅行）中，是否愿意倾听你的意见并合理妥协；若对方将全部情感需求寄托于你，甚至以"没有你我活不下去"施压，需及时远离。

筛选值得结交的人，本质是一场对人性深度理解的修行。它需要女性既保持敏锐的洞察力，又坚守自我边界；既心怀善意，又敢于直面人性的复杂。愿每一位女性都能在识人的道路上，既不被表象迷惑，也不因挫折退缩。当你练就一双慧眼，自会在纷繁人世中，遇见那些与你灵魂共鸣、共同成长的良人。

FIVE

识人术在不同场景

下的应用

01

职场"小白"的必修课

步入职场，掌握一定的"识人术"显得尤为关键。同事，既是与你并肩作战的伙伴，也可能是你职场征途中的竞争对手。在错综复杂、充满挑战的职场环境中，要想避免吃亏，就必须学会看清同事的真实面貌，分辨出谁是值得信赖的良师益友，谁可能是潜在的"绊脚石"，谁拥有真才实学，谁只是虚有其表。

在日常工作中，通过观察同事的言行举止，我们可以初步了解其性格特点和为人处世的态度。那些喜欢争抢功劳、背后说三道四的人，往往缺乏团队合作精神和责任感，与他们交往需保持谨慎。相反，那些默默无闻、脚踏实地的人，虽然不善言辞，但往往有着更强的执行力和忠诚度，是值得深交的伙伴。

同时，我们还需警惕那些只会"纸上谈兵"的同事。他们可能口若悬河，吹嘘自己的能力和成就，但一到关键时刻就原形毕露，无法解决实际问题。而真正有本事的人，往往低调谦逊，用实际行动证明自己的价值，他们才是职场中的中流砥柱。

因此，在职场中，我们不仅要专注于提升自身的能力，更要学会观察和判断同事的为人处世。通过细心观察和理性分析，我们可以更准确地识别出哪些同事值得交往，哪些同事需要保持距离。这样，我们才能在职场中如鱼得水，实现个人价值的最大化。

识别性格不一的同事：
对不同的人用不同的沟通技巧

在职场中，每位女性都会遇到形形色色的同事，他们各自拥有独特的性格和处事方式。作为职场人，如何与这些不同性格的同事建立良好的人际关系，不仅关乎个人职场的舒适度，更直接影响工作效率和团队氛围。以下，我将结合具体例子，详细分享与四种典型性格同事打交道的秘诀，助你在职场中游刃有余。

1. 活跃开朗型同事：共鸣与引导

活泼开朗的同事，往往是团队的开心果，他们热情洋溢，善于表达，总能迅速成为聚光灯下的焦点。他们总是带着满脸的笑容，乐于分享工作中的趣事，甚至能巧妙地将压力转化为前进的动力。面对这样的同事，积极参与讨论，给予正面的反馈和支持，是建立良好关系的第一步。

在一次项目讨论会上，张华提出了一项极具创意的推广方案，虽然有些天马行空，但充满激情。这时，你可以说："张华，你的想法真有意思，这种创新思维值得我们学习。不过，如果我们能更具体地考虑一下执行细节，比如预算分配、目标受众定位，或许能让方案更加完善。"这样的回应既肯定了他的创意，又引导他思考实际操作的可能性，促进了团队的整体进步。

2. 内向沉稳型同事：倾听与鼓励

内向型同事，他们往往安静谨慎，做事细致，虽然不常主动发言，但每一次开口都可能是深思熟虑后的见解。与这类同事相处，耐心倾听是关键。给予他们足够的时间和空间来表达观点，是对他们最大的尊重。

在一次团队复盘会议上，李静犹豫了很久才缓缓开口，提出了对项目流程的一些优化建议。此时，你可以这样回应："李静，你的建议非常到位，尤其是关于数据反馈的部分，我们之前确实忽略了。感谢你如此细致地考虑了每个环节，这对我们的项目改进非常有帮助。"通过这样的鼓励，不仅能增强她的自信心，还能激发她做出更多的贡献。

3. 敏感细腻型同事：细腻关怀与正面反馈

敏感细腻的同事，对周围环境和人际关系的变化非常敏感，他们情感丰富，容易受伤，对批评尤为敏感。与这类同事交流时，要特别注意言辞和语气，避免无意间伤害到他们。

在一次工作汇报中，王薇可能因为紧张，PPT演示出现了一点小错误。这时，你可以私下里温和地告诉她："王薇，你的汇报内容很有深度，只是PPT上的一个小细节没注意到，这很正常，每个人都会有疏忽的时候。下次我们可以一起预演一下，相信你会做得更加出色。"这样的处理方式，既指出了问题，又保护了她的自尊心，让她感受到被理解和支持。

4. 创新思维型同事：激发与落地

创新思维型的同事，他们思想活跃，想法新颖，总是能提出让人眼前一亮的方案。这类同事是团队中的宝藏，但也需要适当的引导，以确保他们的创意能够转化为实际可行的方案。

赵雷在一次头脑风暴中提出了一项前所未有的市场推广策略，虽然听起来激动人心，但具体实施起来难度不小。这时，你可以这样说："赵雷，你的这个策略真的太有创意了，感觉能给我们的品牌带来全新的面貌。不过，为了让这个策略更加落地，我们可能需要一起探讨一下如何量化目标、分配资源及制定时间表。你愿意带领一个小团队来细化这个方案吗？"这样的建议既认可了他的创新，又为他提供了实现创意的路径，激发了团队的创造力和执行力。

识别风格不同的领导：
更顺利地适应职场环境

在职场里，每个人都会遇到各种各样的领导。这些领导各有特色，他们的领导风格不仅塑造着团队的文化，还深刻影响着每位员工的工作态度与职业发展。面对不同风格的领导，如何灵活应对，既是对个人智慧与情商的考验，也是推动职业生涯发展的关键。接下来，我们就来聊聊几种典型的领导风格，并通过实际案例，分享一些实用的应对策略，帮助你在职场中游刃有余。

1. 领导风格的分类与特点

①权威型领导

权威型领导就像是团队的指挥官，他们目标明确，行动迅速，喜欢掌控全局。这类领导对结果有着极高的要求，往往不太在意过程中的细节，更倾向于独自决策。面对这样的领导，你可能会感到"压力山大"，但也要看到，他们能在关键时刻迅速做出决策，带领团队渡过难关。

②民主型领导

与权威型领导不同，民主型领导更注重团队的参与和意见交流。他们喜欢通过集体讨论来做出决策，鼓励团队成员发表看法，重视团队的和谐与协作。在民主型领导的带领下，工作氛围通常更加积极向上，员工的积极性和创造力也能得到更好的激发。

③放任型领导

放任型领导则像是团队的"旁观者"，他们给予员工极大的自由度和自主权，很少直接干预团队的工作。这种领导风格适合那些自我驱动能力强、需要创造空间的团队。但也要注意，放任型领导可能导致团队缺乏明确的方向和目标，成员间沟通不足，影响工作效率。

④变革型领导

变革型领导则是团队的"领航员"，他们擅长激励团队，通过提出挑战、鼓励创新和个性化关注来激发团队成员的潜力。这类领导通常具有清晰的愿景和目标，能够带领团队朝着共同的方向前进。在变革型领导的带领下，团队成员往往能够超越自我，实现个人和团队的共同成长。

2. 应对策略与案例分析

①与权威型领导合作的技巧

面对权威型领导，最重要的是展现出你的高效工作能力和成果导向。比如小李，他的上司王总就是权威型领导。起初，小李不太适应这种高压的工作环境，但他很快调整了心态，开始注重工作效率和结果。他学会了提前规划任务，确保每个项目都能按时完成且质量优良。同时，他也懂得在必要时向王总提供清晰、有力的建议，展现自己的专业能力和价值。最终，小李不仅适应了王总的工作风格，还因此获得了表扬。

②与民主型领导相处的方法

在民主型领导下，积极参与讨论并提供有建设性的意见是关键。小张的市场策划工作就受益于他的上司赵总的民主型领导风格。赵总经常组织团队讨论，鼓励大家发表看法。小张抓住这个机会，积极参与讨论，提出了一系列有创意的策划方案。同时，他也学会了倾听他人的意见，尊重团队的决策。这样的做法不仅提升了小张的策划能力，还增强了他的团队合作精神。

③在放任型领导下进行自我管理

面对放任型领导，自我管理和自我激励变得尤为重要。小陈是一名程序员，他的上司刘经理就是放任型领导。刘经理很少直接干预团队的工作，给予员工极大的自由度。小陈意识到，在这种环境下，自己需要更加自律和主动。他设定了个人目标和计划，自我驱动，并定期向刘经理汇报工作进展。通过这种方法，小陈不仅保持了高效的工作状态，还赢得了刘经理的认可和信任。

④支持变革型领导的策略

在变革型领导下，不要害怕提出新想法和尝试新方法。小赵是一名产品经理，他的上司李总是变革型领导。李总鼓励团队成员创新，提出挑战，关注每个人的成长。小赵抓住这个机会，积极提出产品改进方案，尝试新的营销策略。同时，他也展现出了对变化的适应能力和对团队愿景的认同。在李总的带领下，小赵不仅提升了自己的产品管理能力，还推动了团队的整体进步。

找准自己的位置：
在竞争激烈的职场中脱颖而出

在职场中，每个人都渴望找到自己的位置，这不仅意味着在公司中占据一席之地，更重要的是能够找到自己的价值与方向。正确定位自己，是在竞争激烈的职场中脱颖而出的关键。

从前，有个磨坊主人，他养了一头驴和一匹马。驴每天辛苦拉磨，而马则负责驮载货物和主人外出。驴羡慕马能周游世界，马则向往驴有温暖舒适的工作环境。主人听后，决定让它们互换工作。结果，驴驮载货物累得气喘吁吁，马在磨坊里转得头晕眼花。最终，主人只能让它们回到原来的岗位，才恢复了正常的工作秩序。

这个故事告诉我们，在团队中，每个人都扮演着特定的角色。如果对自己的角色定位不准确，可能会事倍功半，甚至影响整个团队的效率。

想象一下，一个公司就像一个大家庭，每个员工都是这个家庭中的一分子。为了让这个家庭和谐运转，每个成员都要明确自己的角色和职责。在团队中，通常有管理者、创意者、执行者、协调者、完善者和监督者这六大角色。每个人都要根据自己的特长和能力，找到最适合自己的位置。

然而，在实际工作中，我们常常会遇到角色定位错误的情况。比如，有的人对自己的能力过于自信，定位过高，结果却力不从心；有的人则对自己的能力缺乏信心，定位过低，导致在工作中畏首畏尾，无法发挥应有的水平；还有的人对自己的角色定位模糊不清，导致工作混乱，影响团队的整体效率。

　　那么，如何认清自己在团队中的正确定位呢？

　　首先，要认清"理想"和"现实"的差距。对自己的能力有一个客观的认识，不要盲目乐观或自卑。只有明确自己的实际工作能力，才能找到最适合自己的岗位。

　　其次，可以找一个"榜样目标"来学习和检验自己。在同样的岗位上，如果你的工作业绩和榜样相差甚远，那么就要反思自己是否适合这个角色。同时，也可以从榜样身上学习工作方法和经验，不断提升自己。

　　最后，要认清自己的权利和义务。在团队中，每个人都有自己的权利和义务。只有明确这些，才能更好地履行自己的职责，避免角色错位。

　　当你发现自己的定位过高时，要及时调整心态，脚踏实地；当定位过低时，要勇敢尝试，不断提升自己；当角色定位错误时，要勇于自我校正，找到正确的方向。

洞悉客户内心：
建立良好的客户关系

拿销售类工作举例，人们在工作时都会与客户打交道。此时的核心任务是深入挖掘并准确理解客户的需求，建立良好的客户关系，然后巧妙地展示我们的产品或服务如何完美契合这些需求，从而激发客户的购买欲望。

1. 听客户在说什么

真正的倾听不仅是接收信息，更是通过语言、表情与动作捕捉客户的性格与真实诉求。

语速快慢、用词偏好（如"必须""可能"）可反映出客户是果断型还是犹豫型人格。客户反复强调的痛点（如"质量必须过硬"）暗示其核心需求，而轻描淡写的诉求（如"价格适中"）可能是次要考量。肢体语言（如双臂交叉代表防御，身体前倾表示兴趣）可辅助判断客户对方案的接受程度。

某高端家具销售员接待一位客户，对方多次提到"家里有孩子，怕磕碰"，却未直接要求材质。销售员通过倾听发现客户隐含的"安全性需求"，推荐圆角设计的实木家具，并强调环保涂料。最终因客户需求被精准识别而快速成交一单。

我们在倾听时要聚焦隐性信息，记录客户频繁提及的词语（如"效率""性价比"）并标注为性格或需求标签。

当客户提到某问题时声音突然提高，可能暴露其深层焦虑。反馈式倾听，复述确认客户需求，如："您提到希望节省时间，是否意味着操作便捷性是您的首要考量？"通过反馈验证判断，同时强化客户被重视的感受。如果客户表达异议，用点头或"我理解您的顾虑"代替打断，以此观察其后续反应是坚持立场还是试探底线。

2. 善于向客户提问

提问是识人的主动工具，通过问题设计与回应模式，可系统评估客户的价值观与决策逻辑。询问"您如何看待售后服务的重要性？"，可判断客户是务实型（重结果）还是情感型（重体验）。客户回答"我需要和家人商量"时，需进一步提问"通常哪些因素会影响您的最终决定？"以确认其决策角色（执行者或传递者）。

保险顾问面对一位声称"不需要重疾险"的年轻客户，并未直接反驳，而是提问："您认为未来十年内，身体健康和职业发展哪个对财务安全影响更大？"客户在讨论中逐渐意识到健康风险，最终采纳了保障方案。

提问时可以采用以下策略：

①分层提问术，开放式切入，如："您理想中的解决方案需要满足哪些条件？"初步收集需求与价值观信息。

②封闭式收束，如："如果只能在快速交付和定制化功能中选其一，您更看重哪一点？"迫使客户暴露优先级。

③场景化提问，假设法，如："假如您的预算增加20%，您会优先优化哪个环节？"通过虚拟场景突破客户的心理防御，暴露真实诉求。

④反向验证，客户声称"质量最重要"时，追问"如果某环节质量达标但超支10%，您能接受吗？"以检验其言行一致性。

无论是倾听中捕捉的微妙情绪，还是提问中暴露的决策模式，最终都服务于一个目标：用客户认同的方式，解决其真实需求。当销售人员将"卖产品"转化为"懂人心"，交易便不再是博弈，而是价值共鸣的自然结果。

02

挑选最合适自己的伴侣

每个人都希望能找到对的另一半，组建一个幸福的家庭，共度余生。但婚姻不是儿戏，选对人非常重要。好的伴侣能让彼此变得更好，而糟糕的伴侣可能会让双方都陷入困境，甚至影响到双方的家庭。

对于女性来说，社会对婚姻失败的看法往往更苛刻。不管原因是什么，一场失败的婚姻总是会给女性带来不少困扰。因此，很多女性在选择伴侣时都非常小心，但还是有可能遇到不合适的人。这可能与现在流行的婚恋观念有关，很多人觉得只要两个人相处得舒服，三观相近就可以了。

但实际上，这些并不能真正反映一个人的本性。有些人为了达到目的，会刻意隐藏自己的真实性格，表现得非常迎合。所以，仅仅通过日常的接触很难真正了解一个人。女性在选择伴侣时，要观察对方本身，也要了解他的家庭背景。

不要被一时的感情冲昏头脑，婚姻是基于爱情的长期投资。伴侣不仅是爱人，更是生活中一起面对困难的战友。

探讨未来规划：
判断对方是不是你的"绊脚石"

在考虑是否要与他携手度过一生的时候，得好好聊聊以后的规划。这不光是为了自己，也是为了两个人以后的日子能过得更好。聊天的时候，不用太正式，就像平时说话那样，关键是要让对方说出心里话。

比如听听对方的职业规划，这是件大事。你得问问他，以后想干什么工作，短期内有什么打算，长远了又有什么梦想。还有，他愿不愿意为了工作到处跑，能不能接受两个人分开住，等等。

小张和小李是一对恋人，小张是男方，他想创业，这就意味着要经常加班、出差；小李呢，就想让小张找份稳定的工作，每天回家陪家人。结果，小张太忙了，小李就觉得心里不踏实，怕感情变淡了。两个人开始有分歧，话也少了，吵架就多了，最后不得不分开。

还有就是聊聊家庭，特别是准备步入婚姻的时候，得提前了解清楚男方对于要孩子的具体想法，因为这可是件关乎未来幸福的大事儿。比如，男方可能心心念念想要两个孩子，觉得这样家庭才更完整；而你可能只想生一个，觉得这样既能享受亲子时光又不会太累；或者你是丁克一族，根本不想被孩子牵绊。

一旦了解清楚，你就得评估一下，这个分歧是不是你能接受的。想想看，如果男方坚持要两个孩子，而你无论如何也不想生那么多，或者根本就不想要孩子，那么这段关系是不是还能继续下去？

毕竟，孩子的问题不是小事儿，它关乎你们未来的生活方式、经济压力，甚至是情感走向。如果在这个问题上存在根本性的分歧，那么即使现在感情再好，未来也可能会因为这个问题而闹得不可开交。

所以，在决定要不要继续在一起之前，一定要先了解清楚男方对于要孩子的具体想法，并认真评估这个分歧是否会成为你们关系的绊脚石。如果觉得这个分歧无法调和，那么或许就该重新审视这段关系，看看是否真的适合继续走下去。

观察生活习惯：判断你们能否和谐地生活在一起

评估双方生活习惯的和谐程度，是建立和维护一段稳定、幸福关系的重要一环。生活习惯不仅涵盖了作息时间、饮食习惯、清洁整理等基本方面，还涉及消费观念、休闲方式、健康管理等多个层面。以下是一套全面而细致的评估方法，帮助你深入理解并判断双方在这些关键领域的契合程度。

1. 作息时间

作息时间是生活习惯的基础，它影响着两个人的日常节奏和互动模式。评估时，需考虑双方的起床时间、工作（学习）时间、晚餐时间、睡眠时间等。如果一方是早鸟型，另一方是夜猫子型，可能会在日常交流、家务分担等方面产生冲突。理想的状态是找到一种既能保证各自效率，又能兼顾共同时间的作息安排。

2. 饮食习惯

饮食习惯不仅关乎健康，也是文化和生活态度的体现。评估时，可以探讨双方对食物的偏好（如素食、辣味、清淡等）、饮食规律（是否按时吃饭、是否喜欢外出就餐），以及对健康饮食的看法。差异较大的饮食习惯，如一人追求健康轻食，另一人偏爱快餐，可能会在日常饮食上产生分歧，甚至影响健康。

3. 清洁整理习惯

居住环境的整洁程度直接影响居住体验和生活质量。评估时，可以观察双方的清洁习惯（如打扫频率、垃圾分类）、整理风格（是否喜欢断舍离、是否偏好有序摆放），以及对整洁度的要求。如果一方有洁癖，另一方则相对随性，可能会因对居住环境的要求不一致出现分歧。

4. 消费观念

消费观念反映了个人价值观和生活态度。评估时，可以讨论双方的消费习惯（如是否喜欢网购、是否热衷于打折购物）、储蓄观念（如是否喜欢储蓄、是否有投资计划），以及对奢侈品的看法。

消费观念的不一致，可能会导致财务上的矛盾和不必要的压力。

5. 休闲方式

休闲方式体现了个人放松和娱乐的偏好。评估时，可以分享各自的休闲活动（如阅读、旅行、运动、看电影等）、对假期的规划（如是否喜欢宅家、是否喜欢户外活动），以及对社交活动的态度。休闲方式的不同，可能会影响到共同活动的选择和相处的质量。

评估原生家庭：推测他的性格底色和生活哲学

原生家庭是一个人成长的摇篮，对其性格塑造、价值观形成乃至未来的生活方式都有着深远的影响。正如一棵树，其生长环境决定了它的根系如何蔓延、枝叶如何伸展。同样，一个人的原生家庭环境，也在无形中塑造了他的性格底色和处世哲学。因此，通过观察男人的原生家庭，我们可以从中捕捉到一些关键信息，帮助我们做出更为明智的判断。

1. 观察对方父母之间的关系

一个和谐恩爱的家庭氛围，往往能够培养出性格开朗、乐观向上的个体。在这样的家庭中，父母相互尊重、理解与支持，共同为家庭的幸福努力。如果男人的父母关系融洽，那么他很可能也具备尊重女性、懂得感恩与付出的品质。这样的男人，在情感交往中会更加懂得如何呵护伴侣，为彼此创造温馨和谐的生活空间。相反，如果他的父母关系紧张，经常争吵或冷战，那么他可能在情感表达、冲突解决等方面存在欠缺，需要更多的时间和努力去学习和成长。

2. 观察对方与父母的互动方式

一个懂得孝顺、尊重长辈的男人，往往也具备更强的责任感和担当精神。他会在日常生活中关心父母的身体健康、情感需求，愿意为家庭付出自己的时间和努力。这样的男人，在情感交往中也会更加珍惜伴侣的付出，懂得承担自己的责任，共同为家庭的未来打拼。而如果一个男人与父母关系疏远，甚至存在矛盾或冲突，那么他可能在处理人际关系、建立亲密关系等方面存在障碍，需要更多的自我反省和成长。

3. 观察对方原生家庭的价值观

一个注重家庭教育、鼓励孩子独立思考和自主选择的家庭，往往能够培养出具备独立思考能力、自信自主的个体。这样的男人，在情感交往中会更加尊重伴侣的意见和选择，愿意与伴侣共同成长、相互扶持。而如果一个家庭过于专制或溺爱孩子，那么这个男人可能在处理情感问题时缺乏成熟和理性，容易受到外界干扰或做出冲动决策。

当然，原生家庭只是判断一个男人是否能携手共度余生的一个方面。我们还需要结合他的个人品质、生活习惯、职业发展等多个维度进行综合考量。但不可否认的是，原生家庭的影响是深远而持久的，它会在无形中塑造一个人的性格和价值观。因此，在情感交往中，我们有必要通过观察男人的原生家庭来更加全面地了解他、认识他。

值得注意的是，观察男人的原生家庭并不意味着我们要对其家庭进行过多的干涉。我们要保持尊重和理解的态度，以客观的眼光去看待和分析。同时，我们也要认识到，每个人的成长经历都是独特的，原生家庭只是其中的一部分。

通过观察男人的原生家庭，我们可以从中捕捉到一些关键信息，帮助我们做出更为明智的情感决策。但更重要的是，我们要在相处中去感受对方的品质和价值观是否与自己相契合。只有这样，我们才能找到那个真正值得的人，共同走过人生的风风雨雨，携手创造属于我们的美好未来。

分析可持续性：判断你们的关系能否长久

女方在考虑和男方的关系能不能长久发展时，其实就像我们平时挑东西一样，得仔细斟酌这东西值不值得买，能不能用得持久。感情这事儿，可不是儿戏，不能今天好了就在一块儿，明天不高兴了就闹分手。婚姻是一辈子的大事，得好好考量是否能够长久地走下去。

那么，女方怎么看这段感情有没有长期发展的潜力呢？我们结合案例来看看下面这几点。

1. 看你在他面前舒不舒服

小林和小李谈恋爱时，每次一起出去玩，小李总是提前规划好行程，连吃饭的地方都提前订好。小林只需跟着小李走，享受整个旅程。而且，小李很尊重小林的意见，每次做决定都会问小林的想法。这让小林觉得在小李身边很自在，很踏实。后来，他们顺利步入了婚姻的殿堂。

要是时间一长，你觉得在他身边越来越自在，既不是那种没规矩的放肆，也不是懒懒散散的，就是心里踏实，那这段感情可能就有戏。你们既能腻在一起，也能各有各的忙，互相尊重，不丢了自己。

2. 看你们吵架不吵架，吵了架能不能和好

小芳和小张在一起时，经常因为一些小事吵架。但每次吵完架，小张都会主动道歉，还会跟小芳一起分析问题的原因，找出解决办法。这样，他们的感情不仅没有因为吵架而变淡，反而越来越深厚。

两个人吵架是常事，但要是你们能因为点小事就吵得不可开交，那么这段感情就不太乐观。得学着怎么解决问题，怎么互相让步，让两个人心里都舒服。

3. 看他有没有远见

小王和小刘谈恋爱时，小王总是想着怎么省钱、怎么过日子。而小刘则更有远见，他不仅考虑现在，还想着未来。他制订了详细的职业规划，还开始攒钱准备买房。小王看到小刘这么有远见，对他更加放心了。

要是他只想着现在，不考虑以后，那这段感情可能就不太"靠谱"。得看看他有没有想过未来，是不是愿意为了你们的将来努力。

4. 看他愿不愿意对你敞开心扉

小丽和小赵在一起时，小赵总是愿意跟小丽分享自己的过去，现在的烦心事，还有将来的梦想。他从不担心小丽会嫌弃他，反而觉得小丽是他最知心的朋友。小丽也被小赵的真诚打动，更加珍惜这段感情。

要是他能跟你分享自己的过去，现在的烦心事，还有将来的梦想，而且还不担心你会嫌弃他，那他对你的感情可能就比较深。

5. 看他珍不珍惜你

小梅和小张结婚后，小张总是看到小梅为家庭付出的一切。他心存感激，经常跟小梅说谢谢，还会主动分担家务。这让小梅觉得自己的付出得到了回报，更加珍惜这段婚姻。

　　其实，就是他越来越觉得你好，不总跟别人比来比去的，那他可能就是真心对你好。你们能在平凡的生活里找到幸福，不用担心别人怎么看。

03

社交场合中的识人策略

人际关系交往是我们人生道路上的一门重要课程。虽然它看起来简单，但实际上蕴含着深刻的道理。如果我们不懂得如何社交，那么在这个复杂的社会中生存将会变得非常困难。性格内向或者自闭，并不能成为我们拒绝社交的借口。每个人都应该勇于突破自己的限制，走出舒适区，去体验和理解外面的世界。如果我们总是沉浸在自我满足的幻想中，那么我们的成长和进步将会受到严重阻碍。

远离无用社交：
辨别哪些人不值得结交

生活中，很多人都有一个误区，觉得"朋友越多越好""朋友多了路好走"。于是他们想尽办法，抓住各种机会去结交新朋友。但这些所谓的朋友，虽然躺在联系人列表里，却没能给工作或者生活带来任何实质性的帮助。

其实，人们在意的是你能吸引多少人，能影响多少人，而不是你去巴结了多少厉害的人，或者刻意去结交了多少牛人。如果自己没本事，就算你认识再多厉害的人也没用，因为他们根本不会把你当回事，就像领导不会重用没能力的人一样。

想认识比自己强的人，这很正常，但在结交他们的同时，你要明白，只有自己变得足够优秀、足够强大、有足够的能力，才能拥有真正的社交圈子。与其把时间花在结交新朋友上，不如把时间用来提升自己，当你变得足够优秀时，自然会有人愿意和你合作，老板也会更看重你，给你更多的机会和资源，帮你更快实现梦想。

此外，有一种社交对我们的职业发展、工作效率提升或个人成长没有任何实质性帮助，它会占用宝贵的时间，消耗个人精力，甚至可能对职业形象产生负面影响。为了避免这种职场中的无用社交，我们要远离下面这几种人。

1. 自恋的人

自恋的人通常只关心自己的感受，容易忽略别人的心情。他们总觉得自己很有才华、很有品位，觉得自己高人一等，应该享受特权，还特别希望受到别人的关注。和他们聊天时，他们总是聊自己的事，哪怕你努力转移话题，他们还是会把话题绕回到自己身上。好像全世界都得围着他们转，别人只能当听众。这类人缺乏共情能力，人际关系往往很糟糕。

2. 控制欲强的人

控制欲强的人在和人交往时喜欢让别人完全服从自己。他们喜欢支配、命令别人，哪怕是他们自己的问题，也听不进别人的意见。他们活在自己的世界里，认为自己可以主宰别人，自己说的就是对的。

这样的人其实内心很自卑、很自私，控制欲强是因为他们内心焦躁不安。遇到这样的人，最好不要深交，否则可能会身心健康受损。

3. 负能量满满的人

有的人，你和他打交道后会觉得很累，这种人就是负能量满满的人。他们的生活不一定过得不好，但总是爱抱怨，好像什么事都能找到"吐槽"的点。与这种人交流，会不知不觉地消耗你的精力和时间。

他们利用你的关心，把你当成自己的情绪垃圾桶，把自己的情绪一股脑儿地倒给你。而当你想要倾诉时，他们往往没耐心，总是把话题转移到他们自己身上。

4. 爱"八卦"的人

这里说的爱"八卦"的人，不是指那些喜欢开玩笑的人，而是指那些喜欢没事找事、搬弄是非、散播谣言的人。他们对和自己无关的"八卦"最感兴趣，喜欢通过"八卦"找存在感。和他们在一起，你得不到任何有价值的信息。

和他们交往，你不仅得不到能量的补充，还会把精力消耗在无聊的"八卦"上，有时甚至会在不知不觉中变成"八卦"的主角，成为舆论的焦点。聪明人会远离爱嚼舌根的人，因为你说过的话，只会成为他们和别人"八卦"的谈资。

5. 嫉妒心强的人

嫉妒是一种常见的情绪，但嫉妒心强的人，看到别人有成就就会眼红，见不得别人好，永远不能真心为别人高兴。他们把你当作竞争者，而不是合作者。当你成就比他们高时，他们会阴阳怪气地祝福你，让你对自己的成就感到不好意思。

嫉妒心强的人无法欣赏别人的优点或成就，而是会产生攻击性和破坏心理。这是他们的一种心理防御机制，他们的逻辑是"别人的优势会威胁到自己的价值"，这其实是因为他们自卑，无法肯定自己的价值。

6. 经常说谎的人

经常说谎的人，不管大事小事，张口就来，哪怕是一些没必要说谎的事情。他们不说谎就难受，喜欢通过说谎来博取关注、仰慕或同情。当看到别人相信自己的谎言时，他们会得意扬扬。他们很有表演天赋，在人际关系中很难被发现，如果不远离这样的人，你只会被他们耍得团团转。

经营有效社交：
值得结交的人通常都有哪些特点？

1. 人脉广泛

如果一个人能得到很多人的喜爱，那他身上肯定有一些值得学习的优点。我们可以主动向他靠近，跟他交朋友。

小张虽然只是个普通员工，但她的人脉很广。她在一家大公司稳定工作，收入也不错，但她并不一门心思扑在升职加薪上，而是踏踏实实做好自己的本职工作。她的人缘特别好，每年的人情往来都很多。大家之所以愿意跟她接触，是因为她人品好，懂得感恩和回报。

2. 懂得感恩

有些人特别懂得感恩，哪怕只是一件小事，也会记在心里很久。一个懂得感恩的人，人品通常不会差。跟这样的人接触，我们不用担心会遭遇背叛，因为他会记住我们的好。

小赵每年都会去很远的地方扫墓，但她的父母和爷爷、奶奶都还健在。原来，她去扫墓的地方是她小学老师的家乡。小赵很感激她的启蒙老师，因为老师在她小时候给予了她很多帮助。老师去世后，她每年都会去扫墓，以此来表达感恩之情。

3. 言而有信

真正人品好的人都会讲诚信。如果一个人经常言而无信，那我们就要远离他，因为这种人不可靠，可能会因为一些事情而让我们陷入困境。比如他答应跟我们一起去逛街，但突然找理由不去，这样的事情如果发生很多次，我们就应该选择不再跟他接触。

4. 有原则有底线

如果一个人特别有原则、有底线，那跟他交朋友是个不错的选择。比如你遇到一个人，他在很多方面都可以帮助别人，却选择了不帮忙，因为一帮忙就会违规。你不要觉得这个人不可理喻，其实这样的人很少见，值得结交。一个有原则的人，不会做太坏的事情，他的人品也经得起考验。跟这样的人接触，我们可以学到很多做人的道理。

5. 充满正能量

所有人都向往正能量，因为负能量会拖垮一个人。在现实生活中，有很多负能量满满的人，他们面对事情消极悲观，还会影响到身边的人。跟负能量的人保持距离，我们才不会对社会失望。毕竟人都会受到别人的影响，等负面情绪积累到一定程度时，就会影响到我们的人生。而正能量的人永远保持积极向上的心态，他们就像阳光一样，还会将这种温暖传递给别人。跟正能量的人在一起久了，我们也会变得积极向上。

如果一个人具有以上几个特点，那大家可以放心地跟他结交。希望所有人都能交到最好的朋友。总的来说，在人际交往中，我们可以通过一些聚会或活动去观察，谁是有价值的朋友，哪些是无用的社交。要选择优秀的朋友，这是生活的智慧。对于那些不值得交往的人，能避则避，别自找麻烦，也别因小失大。聪明的人懂得追求利益最大化，在交朋友这件事上也是如此。

谨慎选择朋友：
警惕身边的"毒闺蜜"

在人际关系中，有一种关系看似亲密却暗藏毒刺——它被冠以"闺蜜"之名，却可能成为摧毁生活与职场的一剂慢性毒药。"毒闺蜜"往往披着关怀的外衣，以姐妹情深的姿态渗透进你的生活，却在潜移默化中扭曲你的价值观、消耗你的能量，甚至将你拖入深渊。与其说她们是朋友，不如说是戴着面具的"情感掠夺者"。识别并远离这类人，是成年人社交必修的生存技能。

1. 虚伪型"毒闺蜜"

她们是社交场合中的"变色龙"，初次相遇时总能精准捕捉你的喜好，用夸张的赞美与热情迅速拉近距离。当你沉浸在"一见如故"的感动中时，殊不知自己早已成为对方棋盘上的棋子。这类人擅长做表面功夫：朋友圈里永远有你们的亲密合照，聚餐时总宣称"你是我最重要的人"，但转身她就能将你的隐私当作茶余饭后的谈资。

某公司职员小夏的经历是这样的。她曾视同事小华为知己，甚至将准备跳槽的计划和盘托出。然而三天后，领导突然约谈小夏，暗示"员工忠诚度不足的人难获晋升"。事后她才从其他同事处得知，小华早已在部门聚会上"无意间"透露："小夏这么优秀，我们这座小庙怕是留不住她。"

这种虚伪型"毒闺蜜"的可怕之处，在于她们能巧妙利用信息差制造矛盾，既能维持"好姐妹人设"，又能通过暗中操控实现自身利益最大化。

警惕那些"过度热情"的关系推进者。真正的友情需要时间沉淀，若对方在相识初期就急于打探隐私或频繁示好，不妨用"延迟交付信任"的策略——将无关紧要的信息作为试探，观察其后续是否言行一致。

2. 攀比型"毒闺蜜"

如果说虚伪型"毒闺蜜"是暗箭伤人，那么攀比型"毒闺蜜"则像慢性腐蚀剂，通过持续地比较与打压，逐步瓦解你的自信。她们的口头禅往往是"我都是为了激励你"，实则将你视为满足虚荣心的工具：当你升职加薪，她们会"不经意"提起自己男友送的限量款包包；当你为身材焦虑，她们会立刻晒出健身教练指导下的马甲线；甚至在你遭遇挫折时，她们也会用"我早就提醒过你"的姿态彰显优越感。

白领小薇长期被闺蜜用"职场竞争"的名义道德绑架：对方总以"帮你争取机会"为由介入她的工作，实则不断强调"没有我的人脉你根本谈不下项目"。当小薇试图独立完成任务时，对方竟向客户暗示"她经验不足容易出错"。这种以友情为名的操控，最终让小薇陷入自我怀疑的泥潭。

当发现对方总在比较中刻意凸显差距时，可尝试反问："你希望我从这段对话中获得什么？"若对方无法给出建设性反馈，则需重新评估这段关系的意义。

3. 依赖型"毒闺蜜"

她们像是永远填不满的情绪垃圾桶，将你的生活变成24小时情感急诊室。失恋时要你彻夜陪聊，工作不顺时抱怨3小时起步，甚至凌晨2点打电话哭诉"活着没意思"。然而当你需要支持时，她们要么敷衍了事，要么突然"信号不好"。这种单向索取的关系本质是情感吸血鬼的寄生行为——通过无限放大自身痛苦来绑架你的同理心。

某高校研究生小雨的遭遇极具代表性：她的闺蜜总以"社恐"为由拒绝接触新圈子，却在小雨准备考研时不断要求陪同逛街、看剧，甚至威胁"你要是不陪我，我就抑郁发作"。这种关系最终导致小雨错失复习黄金期，而对方在得知她落榜后，只是轻飘飘说了句"早说考研没用"。

当对方连续三次只倾诉不倾听时，可用温和但坚定的方式告知："我现在需要处理自己的事情，两小时后陪你聊好吗？"若对方因此暴怒或冷战，恰恰验证了这段关系的功利性本质。

4. 打压型"毒闺蜜"

最危险的"毒闺蜜"往往戴着"诤友"的面具。她们宣称"只有真朋友才说难听话",却将刻薄包装成"忠言逆耳"。从"你穿这条裙子显胖"到"凭你的智商还是别挑战这个项目",这些看似"为你好"的评价,实则是通过持续否定来巩固心理支配权。社会心理学中的"煤气灯效应"在此类关系中尤为典型——长期的语言打压会让人逐渐接受"我不够好"的设定,最终沦为对方的精神附庸。

时尚博主露西的觉醒历程值得深思。她的闺蜜兼经纪人十年如一日地批判其外貌——"你鼻梁太低只能拍侧脸""腿粗就别穿短裙",导致露西长期依赖浓妆修图,甚至拒绝品牌线下活动。直到更换团队后,她才意识到,那些"缺点"本是极具辨识度的个人特色。而前闺蜜的真实目的,不过是借打压维持对其商业价值的绝对控制。

当听到否定性评价时,可向其他朋友或专业人士求证。若十人中有八人持相反观点,即可判定对方在实施精神操控。

当代社会的"毒闺蜜"现象,实质是快餐式社交文化的副产品。当我们在职场晋升、婚恋压力中焦虑前行时,更容易被伪装的共情所迷惑。但正如植物会向着阳光生长,人类也应遵循"能量守恒"的社交法则——远离那些让你持续黯淡的人,去靠近能彼此照耀的星辰。记住，筛选朋友的本质，是在为自己选择一种生存方式。

学会自我保护：规避不必要的风险

《增广贤文》里有句很在理的话："逢人且说三分话，未可全抛一片心。"这句话就是说，我们平时和人打交道，得学会留点心眼儿，别一股脑儿地把心里话都往外说，就算是好朋友或者闺蜜也不行。特别是对那些心里算计多、城府深的人，或者性格高傲的人，更要小心提防。

那些城府深的人，平时可能跟你嘻嘻哈哈的，但一到关键时刻，说不定就会背后给你来一刀，让你防不胜防，甚至可能因此惹上麻烦。而那些性格高傲的人呢，他们自带光环，你可能觉得能认识他们很荣幸，但往往会在不知不觉中就被他们给伤了。

1. 遇到隐忍、阴沉的人，最好离他远点

人的本质不容易从表面看出来，但相处久了，经历多了，就能逐渐了解一个人的性格。如果这个人性格隐忍、阴沉，为了达成目的不择手段，甚至做出让人不齿的事，那就赶紧远离他，不管以前感情有多深，都要果断放手。这样的人心里想的都是自己，处理人际关系时往往只考虑自己，不顾及别人。和这样的人走得太近，很

容易被他们无意中伤害，甚至毁掉自己的前途，到时候后悔就来不及了。

2. 对于孤傲的人，更要保持距离

孤傲的人因为才华横溢或者资源丰富，常常吸引很多人想和他们结交，并以此为荣。但仔细想想，孤傲的人往往看不起别人，在他们眼里，别人都是可有可无的。他们能力强，但脾气古怪，不容易对人产生感情。如果你不够资格，想和他们拉关系，付出的代价会很大，而且和他们走得太近，还可能引起别人的反感。与其费尽心机接近他们，不如努力提升自己，等你和他们一样成功时，他们自然会高看你一眼。

3. 沉默是金，重要的事情要沉得住气

和人打交道时，要学会保护自己，不要轻易把重要的事情告诉别人。很多时候，坏事往往是因为自己话多造成的，不能一味埋怨别人不厚道。做好自己最重要，不要轻易考验人性。生活中总会有很多意想不到的事情发生，越是关键时刻，越要学会少说话。有事情可以和父母商量，不要轻易对外人透露太多。有人说，真正成功的人都是低调的。这话很有道理，因为他们对人性有深刻的了解，不会给嫉妒者或别有用心的人留下可乘之机。

04

与陌生人相处的要点

提供帮助之前，
要确保自己的安全得到保障

你是否遭遇过陌生人的求助？无论是问路还是请求协助购票，我们都应保持一份警觉。"人之初，性本善"，但有些人会偏离正道。面对陌生人的求助，我们必须谨慎，以免善良被利用。

狄更斯有句话说得很有道理："最好的礼貌是不要多管闲事。"因为每个人都能自己做决定。如果你硬要插手，那就是不尊重别人，也不理解别人，同时还会让自己陷入危险。就像老话说的："害人之心不可有，防人之心不可无。"

一名独行女性被佯装腿疾的老人拦住，对方颤抖着递出百元钞票，称不会操作自助购票机。当女子准备协助时，老人突然指向站台角落说："那边人少，能扶我过去坐着买吗？"察觉异样的女子立即后退两步，将钞票塞回老人手中："大爷我帮您联系穿制服的工作人员。"此时角落阴影处果然走出两名戴口罩的男子，见女子已举起手机拍摄，三人迅速走入人群。事后监控显示，该团伙专挑晚高峰落单女性下手，以购票为由将人诱至监控盲区实施抢劫。

独身女性尤其要警惕。这些人更容易成为目标，因为她们柔弱且易被说服。我们应保持警惕，不轻易答应陌生人的请求。外出时，与亲友保持联系，携带防身工具，确保安全。

遇到陌生人求助时，我们要多为自己考虑。不要轻易相信陌生人的话，先判断其真实性。如有不妥，立即婉拒或寻求警察等人的协助。拒绝后，若对方仍纠缠，应尽快前往公共场所并联系亲友。

切勿因任何理由跟随陌生人去偏僻或陌生地方。不要随便上陌生人的车或为其指路。步行带路时，也应在公共场所进行。帮助别人是美德，但不应冒巨大风险。

最好的做法是拨打110，借助警察的力量。不是所有陌生人都是坏人，但坏人和骗子一定隐藏在陌生人中。不要滥用同情心，那些看似可怜的话可能是陷阱。

女性独自外出时，应尽量避免空旷地方，注意周围环境，了解公共安全设施位置。不要接受陌生人的帮助，保持警惕。遇到危险时，大声呼救并向指定人求助。

切忌病急乱投医，
遇到困难时更需理智

女性在外寻求帮助时，需要格外谨慎，切忌病急乱投医。面对困难时，保持理智至关重要。以下是一些建议，帮助女性在外遇到问题时找到合适的人求助：

1. 向官方或专业人员求助

遇到困难时，首选应是寻找警察、消防员或其他官方服务人员。他们受过专业培训，能够迅速有效地提供帮助。

如果是在医院、学校等公共场所，可以向工作人员或安保人员寻求帮助。

2. 紧急联系可靠的朋友或家人

在外出前，与可信赖的朋友或家人分享行程安排，并约定紧急联系方式。

遇到困难时，及时联系他们，寻求建议或帮助。

3. 寻找女性互助组织

了解当地的女性互助组织或志愿者团体，这些组织通常致力于为女性提供帮助和支持。

加入这些组织，不仅可以获得帮助，还能结识志同道合的朋友。

4. 向陌生人求助时先观察其面相

如果必须在公共场合向陌生人求助，应选择看起来友善、可信的人。避免向过于热情或行为异常的陌生人透露个人信息或寻求帮助。在向陌生人求助时，尽量保持冷静，明确表达自己的需求，并观察对方的反应。

5. 利用科技手段

在手机上设置紧急联系人，并确保手机电量充足，以便在紧急情况下及时联系。

6. 保持警惕，避免陷入骗局

在寻求帮助时，要警惕可能的诈骗行为。不要轻易相信陌生人的好意，特别是涉及金钱、个人信息等方面。学会辨别真伪，对于过于热情或过于冷淡的求助对象都要保持警惕。

出门在外保护个人隐私，不可交浅言深

在日常交往中，我们常常会遇到这样的情况：交情不深的邻居一见面就问买房买车了没有，不常联系的亲戚开口就问婚姻生育状况，而一些没什么交情的人，也会好奇地打听你的工作和收入。这些时候，一个人的教养和情商，就体现在他能否把握好与人交往的分寸感上。

苏轼曾说："交浅言深，君子所戒。"意思是，和交情不深的人交谈时，不应过分深入地透露自己的心事或隐私。这不仅是对他人的尊重，也是对自己的保护。因为交浅言深，往往会成为社交中的大忌。

有些人为了尽快和人拉近距离，就犯下了"交浅言深"的错误。他们可能为了迎合对方，不敢发表不同意见，或者为了显得健谈而装出不属于自己的性格，甚至把隐私毫无保留地分享给对方。然而，这样的做法往往适得其反，不仅不能让彼此的关系更亲密，反而会让对方产生提防心理。

真正的感情，是需要时间来慢慢培养的。就像"路遥知马力，日久见人心"这句话所说，只有经过时间的考验，才能看清一个人的真实面貌。所以，我们不必急于建立关系，而应该用心交往，谨言慎行，让感情自然地发展。

在交往中，交情越浅，就越要谨慎说话，保护好隐私。比如小张在一次商业聚会上，因为和一位业务经理相谈甚欢，就透露了公司即将开展的业务。结果，对方却抢先一步开展了同样的业务，导致小张失去了工作。这就是"交浅言深"带来的后果。

因此，"逢人且说三分话，未可全抛一片心"是很有道理的。在交情不深的时候，我们应该保持一定的分寸感，不要轻易透露自己的心事或隐私。这并不是圆滑世故，而是对自己负责的表现。

当然，保持分寸感并不意味着要冷漠无情。相反，它是为了让双方以更舒服的方式相处，让关系细水长流。一段好的人际关系，需要后期的悉心呵护和时间的沉淀。所以，在交往中，我们应该多观察对方，多体会对方的言语和行动，用心去感受对方的想法和需求，而不是急于求成，心太急反而难以维系交情。